Arthur W. Pink

Vom WORT GOTTES profitieren

EINE HILFE ZUM WACHSTUM IM GLAUBEN

Christlicher Verlag
Voice of Hope

1. Auflage 2019

Originaltitel: Profiting From The Word

Eckenhagener Str. 43
51580 Reichshof-Mittelagger
www.voh-shop.de
Übersetzung: Michael Dietzsch
Cover und Satz: Voice of Hope

Bestell-Nr. 875.469
ISBN 9783-947102-69-3

Bibelstellen sind, wenn nicht anders angegeben,
gemäß der Schlachter-Bibel 2000.

INHALTSVERZEICHNIS

ermahnt und zurechtweist. Wir wollen dies nun mit Hilfe anderer Schriftstellen weiter ausführen.

EINE PERSON PROFITIERT GEISTLICH, WENN DAS WORT SIE VON SÜNDE ÜBERFÜHRT

Dies ist sein erstes Amt: unsere Verderbtheit zu offenbaren, unsere Schändlichkeit zu entblößen, unsere Boshaftigkeit offenzulegen. Das Leben eines Menschen mag unbescholten sein, sein Umgang mit seinen Mitmenschen tadellos. Doch wenn der Heilige Geist das Wort auf sein Herz und Gewissen anwendet und seine sündenverblendeten Augen öffnet, damit er seine Beziehung und Haltung Gott gegenüber erkennt, schreit er: »Wehe mir, ich vergehe!« (Jesaja 6,5). Auf diese Weise wird jede wahrhaft gerettete Seele dahin gebracht, zu erkennen, dass sie Christus braucht. »Und Jesus antwortete und sprach zu ihnen: Nicht die Gesunden brauchen den Arzt, sondern die Kranken« (Lukas 5,31). Doch erst, wenn der Geist das Wort in göttlicher Kraft anwendet, wird eine Person dazu veranlasst, zu spüren, dass sie *krank* ist, sterbenskrank.

Eine derartige Überführung, die dem Herzen die entsetzlichen Verwüstungen klarmacht, welche die Sünde beim Menschen bewirkt hat, ist nicht auf die anfängliche Erfahrung zu begrenzen, welche der Bekehrung direkt vorausgeht. Jedes Mal, wenn Gott mit Seinem Wort mein Herz berührt, werde ich dazu veranlasst, zu spüren, wie weit ich unter dem Standard liege, den Er mir vorgelegt hat, nämlich: »[A]uch *ihr* [sollt] heilig sein in eurem ganzen Wandel!« (1. Petrus 1,15). Hier kommt der erste Test zur Anwendung: Wenn ich von dem traurigen Versagen verschiedener Menschen in der Schrift lese – veranlasst es mich, zu begreifen, dass es um mich genauso schlimm steht wie um sie? Wenn ich von dem gesegneten und vollkommenen Leben von Christus lese –

veranlasst es mich, zu erkennen, wie entsetzlich verschieden ich von Ihm bin?

EINE PERSON PROFITIERT GEISTLICH, WENN DAS WORT SIE ÜBER SÜNDE BEKÜMMERT MACHT

Über den Hörer mit dem felsigen Grund wird gesagt, dass er »das Wort hört und es sogleich mit Freuden aufnimmt; er hat aber keine Wurzel in sich« (Matthäus 13,20-21). Doch über die, welche unter der Predigt des Petrus überführt wurden, ist aufgezeichnet: es »drang ihnen durchs Herz« (Apostelgeschichte 2,37). Derselbe Gegensatz besteht auch heute. Viele hören einer blumigen Predigt zu oder einer Rede über »heilszeitliche Wahrheit«, in der rednerische Leistung zur Schau gestellt oder die intellektuellen Fähigkeiten des Redners vorgeführt werden. Doch gewöhnlich ist darin nicht der Zweck enthalten, das Gewissen zu prüfen. Sie wird mit Zustimmung aufgenommen, doch niemand wird vor Gott gedemütigt oder dadurch in eine innigere Beziehung zu Ihm gebracht. Lässt man aber einen treuen Diener des Herrn (der durch Gnade nicht danach sucht, Ansehen für seinen »Scharfsinn« zu erlangen) über die Schrift so lehren, dass sie einen Bezug auf Charakter und Verhalten hat und auch das traurige Versagen der Besten von Gottes Volk entblößt, so werden wahrhaft erneuerte Menschen dankbar für die Botschaft sein, die sie veranlasst, vor Gott zu klagen und zu rufen: »Ich elender Mensch!« (Römer 7,24) – obwohl die Menge diesen Botschafter verschmähen wird. So verhält es sich auch beim persönlichen Lesen des Wortes. Wenn der Heilige Geist es so verwendet, dass ich beginne, meine innere Verderbtheit zu erkennen und zu fühlen, dann werde ich wahrhaft gesegnet.

Was für ein Wort ist das in Jeremia 31,19: »[N]achdem ich zur Erkenntnis gekommen bin, schlage ich mir auf die Hüfte; ich schäme mich und bin sogar zuschanden geworden«. Wissen Sie, lieber Leser, irgendetwas von einer solchen Erfahrung? Bringt Ihr Studium des Wortes ein zerbrochenes Herz hervor, und führt es dazu, dass Sie sich selbst vor Gott demütigen? Überführt es Sie auf solche Art von Ihren Sünden, dass es bei Ihnen eine tägliche Buße vor Ihm bewirkt? Das Passahlamm musste mit »bitteren Kräutern« gegessen werden (2. Mose 12,8). Wenn wir uns also wirklich vom Wort ernähren, macht es der Heilige Geist »bitter« für uns, bevor es für unseren Geschmack süß wird. Beachten Sie die Reihenfolge in Offenbarung 10,9: »Und ich ging zu dem Engel und sprach zu ihm: Gib mir das Büchlein! Und er sprach zu mir: Nimm es und iss es auf; und es wird dir Bitterkeit im Bauch verursachen, in deinem Mund aber wird es süß sein wie Honig.« Dies ist stets die auf Erfahrung basierende Reihenfolge: Vor dem Trost muss es Trauer geben (Matthäus 5,4), vor der Erhöhung Demütigung (1. Petrus 5,6).

EINE PERSON PROFITIERT GEISTLICH, WENN DAS WORT ZUM BEKENNEN VON SÜNDE FÜHRT

Die Schrift ist nützlich zur »Zurechtweisung« (2. Timotheus 3,16), und eine ehrliche Seele wird ihre Schuld zugeben. Von denen, die fleischlich gesinnt sind, heißt es: »Denn jeder, der Böses tut, hasst das Licht und kommt nicht zum Licht, damit seine Werke nicht aufgedeckt werden« (Johannes 3,20). »Gott, sei mir Sünder gnädig!« ist der Schrei eines erneuerten Herzens, und jedes Mal, wenn wir vom Wort belebt werden (Psalm 119), gibt es für uns eine frische Offenbarung, und wir geben unsere Übertretungen erneut vor Gott zu. »Wer seine Schuld verheimlicht, dem wird es nicht gelingen, wer sie aber bekennt und lässt, der wird Barmherzigkeit erlangen« (Sprüche 28,13). Es kann weder geistlichen Reichtum noch Fruchtbarkeit geben (Psalm 1,3), solange wir in unserem Inneren unsere schuldhaften Geheimnisse verbergen. Nur wenn wir diese frei vor Gott zugeben – und zwar im Detail –, werden wir uns an Seiner Gnade erfreuen.

Es gibt keinen echten Frieden für das Gewissen und keine Ruhe für das Herz, solange wir die Last nicht-bekannter Sünde tragen. Erleichterung tritt ein, wenn sie vollständig vor Gott offenbart wird. Achten Sie gut auf die Erfahrung Davids: »Als ich es verschwieg, da verfielen meine Gebeine durch mein Gestöhn den ganzen Tag. Denn Deine Hand lag schwer auf mir Tag und Nacht, sodass mein Saft vertrocknete, wie es im Sommer dürr wird« (Psalm 32,3-4). Ist diese symbolische, aber heftige Ausdrucksweise für Sie unverständlich? Oder wird sie von Ihrer eigenen geistlichen Vorgeschichte erklärt? In der Schrift gibt es so manchen Vers, den kein Kommentar – außer dem der persönlichen Erfahrung – zufriedenstellend deuten kann. Wahrhaft wohltuend ist hier die unmittelbare Fortsetzung: »Da bekannte ich Dir meine Sünde und verbarg meine Schuld nicht; ich sprach: ›Ich will dem HERRN meine Übertretungen bekennen!‹ Da vergabst Du mir meine Sündenschuld« (Psalm 32,5).

EINE PERSON PROFITIERT GEISTLICH, WENN DAS WORT IN IHR EINEN TIEFEREN HASS AUF DIE SÜNDE HERVORRUFT

»Die ihr den HERRN liebt, hasst das Böse!« (Psalm 97,10). »Wir können Gott nicht lieben, ohne das zu hassen, was Er hasst. Wir sollen das Böse nicht nur meiden und uns weigern, damit fortzufahren, sondern wir müssen ihm gewappnet entgegenstehen und ihm gegenüber innige Empörung hegen« (C. H. Spurgeon). Einer der sichersten Tests, der für eine klare Bekehrung gilt, ist die Herzenshaltung gegenüber Sünde.

Wo das Prinzip der Heiligkeit aufgerichtet ist, dort wird es zwangsläufig eine Abscheu gegenüber allem Unheiligen geben. Wenn unser Hass auf das Böse echt ist, sind wir dankbar, wenn das Wort auch das als böse tadelt, von dem wir es nicht geahnt haben.

Dies war für David die Praxis: »Von Deinen Befehlen werde ich verständig; darum hasse ich jeden Pfad der Lüge!« (Psalm 119,104). Beachten Sie wohl, dass es nicht heißt: »ich enthalte mich von«, sondern »ich hasse«; nicht nur einige oder viele, sondern »*jeden* Pfad der Lüge«. »Darum halte ich alle Deine Befehle in allem für recht und hasse jeden Pfad der Lüge« (Psalm 119,128). Doch genau das Gegenteil trifft bei dem Gottlosen zu: »[D]a du doch Zucht hasst und Meine Worte verwirfst« (Psalm 50,17). In Sprüche 8,13 lesen wir: »Die Furcht des HERRN bedeutet, das Böse zu hassen.« Diese Gottesfurcht entsteht durch das Lesen des Wortes (siehe 5. Mose 17,19-20). Zurecht wurde einmal gesagt: »Solange die Sünde nicht gehasst wird, kann sie nicht abgetötet werden. Du wirst niemals gegen sie schreien, wie die Juden gegen Christus: ›kreuzige [sie], kreuzige [sie]!‹, bis du die Sünde wirklich so verabscheust, wie Er es wurde« (Edward Reyner, 1635).

EINE PERSON PROFITIERT GEISTLICH, WENN DAS WORT DAS AUFGEBEN VON SÜNDE BEWIRKT

»Jeder, der den Namen des Christus nennt, wende sich ab von der Ungerechtigkeit!« (2. Timotheus 2,19). Je mehr das Wort mit dem klaren Ziel gelesen wird, zu entdecken, was Gott erfreut und was Ihm missfällt, desto mehr wird man Seinen Willen erkennen. Und wenn unsere Herzen vor Ihm aufrichtig sind, so werden unsere Wege umso mehr mit den Seinigen übereinstimmen. Es wird ein Wandeln in der Wahrheit hervorgerufen (3. Johannes, 4). Am Ende von 2. Korinther 6 werden einige wertvolle Verheißungen für diejenigen gegeben, welche sich von den Ungläubigen absondern. Beachten Sie hier, welche Anwendung der Heilige Geist dafür hat. Er sagt nicht: »Weil wir nun diese Verheißung haben, Geliebte, so seid dadurch beruhigt und selbstgefällig« – sondern: »Weil wir nun diese Verheißungen haben, Geliebte, so wollen wir uns reinigen von aller Befleckung des Fleisches und des Geistes« (2. Korinther 7,1).

»*Ihr* seid schon rein um des Wortes willen, das Ich zu euch geredet habe« (Johannes 15,3). Hierin liegt ein weiterer wichtiger Maßstab, an dem wir uns selbst oft prüfen sollten: Bewirkt das Lesen und Studieren des Wortes Gottes eine *Reinigung* meiner Wege? Einst wurde die Frage gestellt: »Wie wird ein junger Mann seinen Weg unsträflich gehen?« – worauf die göttliche Antwort lautet: »Indem er ihn bewahrt nach Deinem Wort« (Psalm 119,9). Ja, nicht einfach nur, indem wir es lesen, glauben und auswendig lernen, sondern durch die persönliche Anwendung des Wortes auf unserem »Weg«. Indem wir solche Ermahnungen ernst nehmen, wie: »Flieht die Unzucht!« (1. Korinther 6,18), »flieht vor dem Götzendienst!« (1. Korinther 10,14), »fliehe diese Dinge« – eine habgierige Geldliebe (1. Timotheus 6,11) –, »So fliehe nun die jugendlichen Lüste« (2. Timotheus 2,22), geschieht es, dass ein Christ in die praktische Absonderung vom Bösen gebracht wird; denn Sünde muss nicht nur bekannt werden, sondern man muss sie auch lassen (Sprüche 28,13).

EINE PERSON PROFITIERT GEISTLICH, WENN DAS WORT SIE GEGEN DIE SÜNDE BEFESTIGT

Die Heilige Schrift ist uns nicht nur zu dem Zwecke gegeben, unsere angeborene Sündhaftigkeit und die vielen Arten, auf die wir nicht die Herrlichkeit Gottes erlangen (Römer 3,23), zu offenbaren, sondern auch, um uns zu lehren, wie wir Befreiung von der Sünde erlangen können und wie wir davor bewahrt werden, Gott zu missfallen. »Ich bewahre Dein Wort in meinem Herzen, damit ich nicht gegen Dich sündige« (Psalm 119,11). Dies ist es, was jeder von uns tun muss: »Nimm doch Belehrung an aus Seinem Mund und lege Seine Worte in dein Herz!« (Hiob 22,22). Wir müssen uns besonders die Gebote, die Warnungen und Ermahnungen aneignen und sie bewahren, sie uns einprägen, über sie nachsinnen, über sie beten und sie in die Praxis umsetzen. Die einzige wirksame Art, auf die man ein Stück Land davor bewahrt, von Unkraut überwuchert zu werden, ist, guten Samen darauf zu säen: »[Ü]berwinde das Böse durch das Gute!« (Römer 12,21). Je mehr also das Wort Christi »reichlich« in uns wohnt (Kolosser 3,16), desto weniger Raum wird in unserem Herzen und Leben für die Ausübung von Sünde sein.

Es ist nicht ausreichend, der Richtigkeit des Wortes zuzustimmen. Es muss von uns geliebt werden. Mit unsagbarem Ernst stellen wir fest, dass der Heilige Geist als Grund für Abfall vom Glauben nennt: dass »sie die Liebe zur Wahrheit nicht angenommen haben« (2. Thessalonicher 2,10). »Wenn es nur auf der Zunge oder im Verstand läge, nur um daraus eine Angelegenheit des Redens oder der Spekulation zu machen, wird es bald verloren sein. Der Same, der auf der Oberfläche liegt, wird von den ›Vögeln des Himmels‹ aufgelesen werden. Daher verberge es im Innersten; lass es vom Ohr in den Verstand gelangen, vom Verstand ins Herz; lass es immer weiter hineindringen. Nur wenn es eine vorherrschende Hoheit im Herzen hat, können wir es in seiner Liebe aufnehmen – wenn es uns entzückender ist als unsere innigste Lust, dann wird es an uns haften« (Thomas Manton).

Nichts sonst wird uns vor den Ansteckungen dieser Welt schützen, uns von den Versuchungen Satans erretten und ein so wirkungsvolles Schutzmittel gegen Sünde sein als das Wort Gottes, wenn es von uns geliebt wird. »Das Gesetz seines Gottes ist in seinem Herzen, und seine Schritte wanken nicht« (Psalm 37,31). Solange die Wahrheit in uns wirksam ist, indem sie das Gewissen wachrüttelt, und sie wirklich von uns geliebt wird, werden wir vor dem Fall bewahrt werden. Als Joseph von Potiphars Frau versucht wurde, sagte er: »Wie sollte ich nun eine so große Missetat begehen und gegen Gott sündigen?« (1. Mose 39,9). Das Wort war in seinem Herzen und hatte deshalb eine siegende Kraft über seine Begierden. Es geht um die unbeschreibliche Heiligkeit, die mächtige Kraft des Gottes, der sowohl in der Lage ist, zu erretten als auch zu zerstören. Keiner von uns weiß, wann er versucht wird. Deshalb ist es notwendig, dagegen gerüstet zu sein. »Wer ist aber unter euch, der auf dieses hört, der achtgibt und es künftig beachtet?« (Jesaja 42,23). Ja, wir sollen die Zukunft erwarten und ihr gegenüber befestigt sein, indem wir das Wort in unseren Herzen für kommende Ernstfälle aufhäufen.

EINE PERSON PROFITIERT GEISTLICH, WENN DAS WORT BEWIRKT, DASS SIE DAS GEGENTEIL VON SÜNDE PRAKTIZIERT

»Sünde ist die Übertretung des Gesetzes« (1. Johannes 3,4; KJV). Gott sagt: »Du sollst«, die Sünde sagt: »Ich will nicht«. Gott sagt: »Du sollst nicht«, die Sünde sagt: »Ich will aber«. Folglich ist Sünde Rebellion gegen Gott, die Entschlossenheit, meinen eigenen Willen durchzusetzen (Jesaja 53,6). Somit ist Sünde eine Art von Anarchie im geistlichen Bereich und kann mit dem Schwenken der roten Flagge vor Gott verglichen werden. Nunmehr ist das Gegenteil davon, gegen Gott zu sündigen: sich Ihm zu unterwerfen; genauso wie das Gegenteil von Gesetzlosigkeit die Unterwerfung unter das Gesetz ist.

Folglich bedeutet das Gegenteil des Praktizierens von Sünde, auf dem Pfad des Gehorsams zu gehen. Dies ist ein weiterer Hauptgrund, weshalb die Schrift gegeben wurde: uns den Pfad *kundzutun*, der Gott erfreut. Sie ist nicht nur nützlich zur Überführung und Zurechtweisung, sondern auch zur »Erziehung in der Gerechtigkeit«.

Hier ist folglich ein weiterer Maßstab, an dem wir uns häufig prüfen sollten. Werden meine Gedanken von Gottes Wort geformt, mein Herz davon beherrscht und meine Wege und Werke davon bestimmt? Dies ist es, was der Herr fordert: »Seid aber Täter des Wortes und nicht bloß Hörer, die sich selbst betrügen!« (Jakobus 1,22). Auf diese Weise müssen Dankbarkeit und Zuneigung gegenüber Christus zum Ausdruck kommen: »Liebt ihr Mich, so haltet Meine Gebote!« (Johannes 14,15). Dafür braucht man göttliche Hilfe. David betete: »Lass mich wandeln auf dem Pfad Deiner Gebote« (Psalm 119,35). »Wir benötigen nicht nur Licht, um den Weg zu kennen, sondern ein Herz, das willig ist, auf ihm zu gehen. Wegen der Blindheit unseres Sinnes ist Führung notwendig, und die wirksamen Anstöße der Gnade sind notwendig wegen der Schwachheit unserer Herzen. Unsere Pflicht wird nicht erfüllt, indem wir eine bloße Vorstellung von Wahrheiten haben, sondern indem wir diese annehmen und sie befolgen« (Thomas Manton). Beachten Sie, dass es der »*Pfad* Deiner Gebote« ist: nicht eine selbsterwählte Richtung, sondern eine eindeutig kenntlich gemachte; keine öffentliche »Straße«, sondern ein persönlicher »Pfad«.

Sowohl Schreiber und Leser sollten sich selbst ehrlich und gewissenhaft in der Gegenwart Gottes an den im Folgenden aufgezählten Fragen prüfen: Hat Sie Ihr Studium der Bibel demütiger gemacht oder stolz – stolz über das Wissen, das Sie erworben haben? Hat es Ihr Ansehen bei Ihren Mitmenschen erhöht, oder hat es Sie dahin geführt, einen niedrigeren Platz vor Gott einzunehmen? Hat es in Ihnen eine tiefere Abscheu und einen tieferen Ekel gegenüber dem eigenen Ich bewirkt, oder hat es Sie selbstgefälliger gemacht? Hat es diejenigen, mit denen Sie Kontakt haben oder die Sie vielleicht lehren, veranlasst zu sagen: Ich wünschte, ich hätte deine Kenntnis der Bibel. Oder veranlasst es sie, zu beten: Herr, gib mir den Glauben, die Gnade, die Heiligkeit, die Du meinem Freund oder Lehrer verliehen hast!? »Dies soll deine Sorge sein, darin sollst du leben, damit deine Fortschritte in allen Dingen offenbar seien!« (1. Timotheus 4,15).

2

DIE SCHRIFT UND GOTT

Die Heilige Schrift ist gänzlich übernatürlich. Sie ist eine göttliche Offenbarung. »Alle Schrift ist von Gott eingegeben« (2. Timotheus 3,16). Es ist nicht nur so, dass Gott den Verstand der Menschen erleuchtete, sondern Er lenkte ihre Gedanken. Es ist nicht einfach so, dass Er ihnen Konzepte mitteilte, sondern Er diktierte ihnen genau die Worte, die sie verwendeten. »Denn niemals wurde eine Weissagung durch menschlichen Willen hervorgebracht, sondern vom Heiligen Geist getrieben haben die heiligen Menschen Gottes geredet« (2. Petrus 1,21). Jegliche menschliche »Theorie«, die die wörtliche Eingebung der Schrift verleugnet, ist eine Erfindung Satans, ein Angriff gegen Gottes Wahrheit. Das göttliche Abbild ist jeder Seite eingeprägt. Schriften, die so heilig, so himmlisch sind und so viel Ehrfurcht hervorrufen, können nicht von Menschen erschaffen worden sein.

Die Schrift macht uns einen *übernatürlichen* Gott bekannt. Dies mag eine sehr banale Bemerkung sein, dennoch muss dies heute wieder ausgesprochen werden. Der »Gott«, an den viele bekennende Christen glauben, wird zunehmend heidnischer. Die bedeutende Stellung, die der Sport heutzutage im Leben einer Nation einnimmt, die maßlose Liebe zum Vergnügen, die Abschaffung des Familienlebens und die dreiste Unanständigkeit von Frauen sind viele Symptome derselben Krankheit, die den Sturz und die Vernichtung des babylonischen, persischen, griechischen und römischen Weltreichs herbeiführte. Und die Vorstellung des 21. Jahrhunderts von Gott, welche von der Mehrheit der Menschen in nur dem Namen nach »christlichen« Ländern in Erwägung gezogen wird, gleicht sich auf rasche Weise dem Charakter an, der den Göttern der Antike zugeschrieben wird. In scharfem Gegensatz dazu ist der Gott der Heiligen Schrift mit einer solchen Vollkommenheit bekleidet und mit solchen Merkmalen ausgestattet, dass wohl kein bloßer menschlicher Intellekt sie hätte erfinden können.

Gott kann man nur durch eine *übernatürliche Offenbarung* Seiner Selbst kennen. Abgesehen von der Schrift ist sogar eine theoretische Bekanntschaft mit Ihm unmöglich. Es gilt noch immer, dass »die Welt durch [ihre] Weisheit Gott in Seiner Weisheit nicht erkannte« (1. Korinther 1,21). Wo die Schrift ausgeklammert wird, ist Gott ein unbekannter Gott (Apostelgeschichte 17,23). Doch es erfordert etwas mehr als die Schrift, bevor die Seele Gott *erkennen* kann, Ihn auf eine reale, persönliche, lebendige Weise erkennen kann. Es scheint, als erkennten dies heute nur wenige. Die vorherrschende Auffassung ist, dass Wissen über Gott durch das Studieren des Wortes erlangt werden könne, genauso wie Wissen über Chemie erworben werden kann, indem man Fachbücher darüber bewältigt – ein verstandesmäßiges Wissen über Gott möglicherweise, doch kein geistliches. Einen übernatürlichen Gott kann man nur auf übernatürliche Weise erkennen (d. h. auf eine Weise, die *über* dem ist, was man rein natürlich erwerben kann), durch eine übernatürliche Offenbarung von Ihm Selbst im Herzen. »Denn Gott, der dem Licht gebot, aus der Finsternis hervorzuleuchten, Er hat es auch in unseren Herzen licht werden lassen, damit wir erleuchtet werden mit der Erkenntnis der Herrlichkeit Gottes im Angesicht Jesu Christi« (2. Korinther 4,6). Derjenige, welcher mit dieser übernatürlichen Erfahrung begünstigt worden ist, hat Folgendes erkannt: Nur »in Deinem Licht schauen wir das Licht« (Psalm 36,10).

Gott kann man nur durch eine *übernatürliche Fähigkeit* erkennen. Christus stellte dies klar heraus, als Er sagte: »Wenn jemand nicht von Neuem geboren wird, so kann er das Reich Gottes nicht sehen« (Johannes 3,3). Wer nicht erneuert ist, hat keine geistliche Erkenntnis von Gott. »Der natürliche Mensch aber nimmt nicht an, was vom Geist Gottes ist; denn es ist ihm eine Torheit, und er kann es nicht erkennen, weil es geistlich beurteilt werden muss« (1. Korinther 2,14). Von selbst steigt Wasser nie über seinen eigenen Wasserspiegel. So ist auch der natürliche Mensch nicht imstande, wahrzunehmen, was seine bloße Natur übersteigt. »Das ist aber das ewige Leben, dass sie Dich, den allein wahren Gott, und Den Du gesandt hast, Jesus Christus, erkennen« (Johannes 17,3). Bevor man den »wahren Gott« erkennen kann, muss man ewiges Leben bekommen haben. Dies wird in 1. Johannes 5,20 deutlich bestätigt: »Wir wissen aber, dass der Sohn Gottes gekommen ist und uns Verständnis gegeben hat, damit wir den Wahrhaftigen erkennen«. Ja, ein »Verständnis«, ein geistliches Verständnis muss – durch eine neue Schöpfung – gegeben werden, *bevor* Gott auf eine geistliche Weise erkannt werden kann.

Eine übernatürliche Erkenntnis Gottes bringt eine *übernatürliche Erfahrung* hervor, und dies ist etwas, was einer Vielzahl von Christen völlig fremd ist. »Religion« heutzutage ist in der Hauptsache nichts anderes, als eine Aufbesserung des »alten Adam«. Sie ist eine reine Verzierung von Grabstätten voller Fäulnis. Sie ist eine äußerliche Form. Selbst wo es ein gutes Glaubensbekenntnis gibt, ist es oft nur tote Orthodoxie.

Darüber sollte man sich auch nicht wundern. So ist es immer gewesen. So war es, als Christus hier auf der Erde war. Die Juden waren sehr orthodox. Zu jener Zeit waren sie frei von Götzendienst. Der Tempel stand in Jerusalem, das Gesetz wurde ausgelegt, Jahwe wurde angebetet. Und dennoch sagte Christus zu ihnen: »[D]er ist wahrhaftig, der Mich gesandt hat, den *ihr* nicht kennt« (Johannes 7,28). »Ihr kennt weder Mich noch Meinen Vater. Wenn ihr Mich kennen würdet, so würdet ihr auch Meinen Vater kennen« (Johannes 8,19). »Mein Vater ist es, der Mich ehrt, von dem ihr sagt: Er sei euer Gott. Und doch habt ihr Ihn nicht erkannt« (Johannes 8,54-55). Man beachte wohl, dass dies zu Menschen gesagt wurde, welche die Schrift hatten, sorgfältig in ihr nachforschten und sie als Gottes Wort verehrten! Sie waren mit Gott auf theoretische Weise gut vertraut, doch eine geistliche Erkenntnis von Ihm hatten sie nicht.

So wie es bei den Juden war, verhält es sich mit der Christenheit. Eine Vielzahl derer, die an die Heilige Dreieinigkeit »glauben«, ist völlig ohne eine übernatürliche oder geistliche Erkenntnis Gottes. Warum sind wir uns dessen so sicher? Weil die Eigenschaft der Frucht die Beschaffenheit des Baumes offenbart, der sie trägt. Die Beschaffenheit des Wassers lässt auf die Beschaffenheit der Quelle schließen, von der es entspringt. Eine übernatürliche Erkenntnis Gottes führt zu einer übernatürlichen Erfahrung, und eine übernatürliche Erfahrung hat *übernatürliche Früchte* zur Folge. Das heißt, wenn Gott tatsächlich im Herzen wohnt, dann revolutioniert und verwandelt Er das Leben. Dabei wird hervorgebracht, was die bloße Natur nicht erzeugen kann – ja, was in direktem Gegensatz zu ihr steht. Und dies ist im Leben von vielleicht fünfundneunzig Prozent derer, die heute bekennen, Gottes Kinder zu sein, spürbar nicht vorhanden. Im Leben des durchschnittlichen bekennenden Christen ist davon nichts zu sehen, außer dem, was auf natürliche Gründe zurückzuführen ist. Doch bei einem echten Kind Gottes verhält es sich bei weitem anders. Es ist wahrhaftig ein Wunder der Gnade. Es ist eine neue Schöpfung in Christus Jesus (2. Korinther 5,17). Seine Erfahrung und sein Leben sind übernatürlich.

Die übernatürliche Erfahrung eines Christen erkennt man an seiner *Haltung gegenüber Gott*. Wenn er in sich das Leben Gottes hat und »göttlicher Natur teilhaftig« (2. Petrus 1,4) geworden ist, liebt er zwangsläufig Gott, er liebt die Dinge Gottes, er liebt, was Gott liebt, und umgekehrt hasst er, was Gott hasst. Diese übernatürliche Erfahrung wird in ihm durch den Geist Gottes bewirkt, und zwar mit Hilfe von Gottes Wort. Der Geist wirkt niemals getrennt vom Wort. Durch das Wort belebt Er. Durch das Wort überführt Er von Sünde. Durch das Wort heiligt Er. Durch das Wort gibt Er Zuversicht. Durch das Wort lässt Er den Heiligen wachsen. Folglich kann jeder von uns das Ausmaß, in dem wir vom Lesen und Studieren der Schrift profitieren, anhand der *Auswirkungen* bestimmen, welche die Schrift, wenn sie vom Geist verwendet wird, *in uns hervorruft*. Wir wollen nun auf Einzelheiten eingehen. Wer wahrhaft und geistlich von der Schrift profitiert, der hat:

EINE KLARERE ERKENNTNIS VON GOTTES ANSPRÜCHEN

Die große Kontroverse zwischen dem Schöpfer und der Schöpfung rührt daher, ob Er oder sie Gott sein sollte, ob Seine Weisheit oder die ihrige die Richtlinie für ihre Handlungen sein sollte, ob Sein Wille oder der ihrige der höchste Wille sein sollte. Was Luzifer zu Fall brachte, war sein Groll darüber, seinem Schöpfer unterworfen zu sein: »Und doch hattest du dir in deinem Herzen vorgenommen: ›Ich will zum Himmel emporsteigen und meinen Thron über die Sterne Gottes erhöhen ... Ich will ... dem Allerhöchsten mich gleichmachen‹« (Jesaja 14,13-14). Die Lüge der Schlange, welche unsere ersten Eltern ins Verderben stürzte, war: »[I]hr werdet sein wie Gott« (1. Mose 3,5). Und seitdem ist die Herzensempfindung des natürlichen Menschen: »Und doch sprechen sie zu Gott: ›Weiche von uns; nach der Erkenntnis Deiner Wege fragen wir nicht! Was ist schon der Allmächtige, dass wir Ihm dienen sollten?‹« (Hiob 21,14-15). »[U]nsere Lippen stehen bei uns; wer ist unser Herr?« (Psalm 12,5). »Wir schweifen frei umher! Wir kommen nicht mehr zu Dir!« (Jeremia 2,31).

Die Sünde hat den Menschen von Gott entfremdet (Epheser 4,18). Sein Herz ist Ihm gegenüber abgeneigt, sein Wille steht dem Seinigen entgegen, sein Sinn ist in Feindschaft gegen Ihn. Umgekehrt bedeutet *Erlösung*, zu Gott zurückgebracht zu werden: »Denn auch Christus hat einmal für Sünden gelitten, der Gerechte für die Ungerechten, damit Er uns zu Gott führte« (1. Petrus 3,18).

Rechtlich ist das bereits geschehen. Was das Erleben davon betrifft, so ist es im Prozess, vollzogen zu werden. Erlösung bedeutet, mit Gott versöhnt zu werden. Dies umfasst und schließt ein, dass die Herrschaft der Sünde über uns gebrochen, die Feindschaft in uns getötet und das Herz für Gott gewonnen wird. Eine wahre Bekehrung bedeutet, jeden Götzen niederzureißen, sich von den leeren Nichtigkeiten einer täuschenden Welt loszusagen und Gott als unser Erbteil, als unseren Herrscher und als unser »Alles« anzunehmen. Im zweiten Brief an die Korinther lesen wir: »[S]ie gaben ... sich selbst, ... zuerst dem Herrn« (2. Korinther 8,5). Das Verlangen und der Beschluss der wahrhaft Bekehrten ist, dass sie »nicht mehr für sich selbst leben, sondern für Den, der für sie gestorben und auferstanden ist« (2. Korinther 5,15).

Gottes Ansprüche, Seine rechtmäßige Herrschaft über uns und Er als Gott werden jetzt anerkannt. Die Bekehrten geben sich Gott Selbst hin »als solche, die lebendig geworden sind aus den Toten«, und ihre Glieder »als Werkzeuge der Gerechtigkeit« (Römer 6,13). Dies ist die Forderung, die Er an uns stellt: unser Gott zu sein, dass wir Ihm als solchem dienen und dass wir uneingeschränkt und ohne Vorbehalt das sind und tun, was auch immer Er verlangt, während wir Ihm völlig ergeben sind (siehe Lukas 14,26-27.33). Es steht Gott zu, uns Gesetze zu geben und Dinge vorzuschreiben und zu bestimmen. Es ist unsere Pflicht, uns regieren und leiten zu lassen. Er soll nach Seinem Belieben über uns verfügen können.

Gott als unseren Gott zu haben bedeutet, Ihm den Thron unseres Herzens zu geben. Beziehungsweise lauten die Worte Jesajas: »O HERR, unser Gott, andere Herren als Du herrschten über uns; aber [künftig] gedenken wir allein an Dich, an Deinen Namen!« (Jesaja 26,13). Es bedeutet, zusammen mit dem Psalmisten – nicht heuchlerisch, sondern aufrichtig – auszusprechen: »O Gott, Du bist mein Gott; früh suche ich Dich!« (Psalm 63,2). In dem Maße, wie dies zu unserem tatsächlichen Erleben wird, profitieren wir von der Schrift. Nur in ihr, und zwar in ihr allein, werden die Ansprüche Gottes offenbart und geltend gemacht. Nur insofern wir klarere und vollständigere Sichtweisen von Gottes Ansprüchen erlangen und *uns selbst diesen gegenüber beugen*, werden wir wirklich gesegnet.

EINE GRÖSSERE EHRFURCHT VOR GOTTES ERHABENHEIT

»Die ganze Erde fürchte den HERRN, und vor ihm scheue sich alles, was auf dem Erdboden wohnt!« (Psalm 33,8). Gott ist so hoch über uns, dass der Gedanke an Seine Erhabenheit uns erzittern lassen sollte. Seine Macht ist so groß, dass die Erkenntnis davon uns in Schrecken versetzen sollte. Er ist so unbeschreiblich heilig, und Seine Abscheu gegen Sünde ist so grenzenlos, dass der bloße Gedanke daran uns mit Schrecken erfüllen sollte. »Gott ist sehr gefürchtet im Kreis der Heiligen und furchtgebietend über alle um Ihn her« (Psalm 89,8).

»Die Furcht des HERRN ist der Anfang der Weisheit« (Sprüche 9,10) – und »Weisheit« ist die richtige Verwendung der »Erkenntnis«. Nur in dem Maße, wie man Gott *wahrhaft erkennt,* kann man Ihn gebührend fürchten. Über die Gottlosen steht geschrieben: »Es ist keine Gottesfurcht vor ihren Augen« (Römer 3,18). Sie haben keine Erkenntnis Seiner Erhabenheit, kein Interesse an Seiner Autorität, keinen Respekt gegenüber Seinen Geboten, keine Besorgnis darüber, dass Er sie richten wird. Doch was die Menschen Seines Bundes betrifft, so hat Gott versprochen: »Und ich werde die Furcht vor Mir in ihr Herz geben, damit sie nicht mehr von Mir abweichen« (Jeremia 32,40). Deshalb erzittern sie vor Seinem Wort (Jesaja 66,5) und wandeln angenehm vor Ihm.

»Die Furcht des HERRN bedeutet, das Böse zu hassen« (Sprüche 8,13). Und nochmals: »[D]urch die Furcht des HERRN weicht man vom Bösen« (Sprüche 16,6). Ein Mensch, der in der Furcht Gottes lebt, ist sich bewusst: »Die Augen des HERRN sind überall, sie erspähen die Bösen und die Guten« (Sprüche 15,3). Folglich ist er in seinem Verhalten im Privatbereich ebenso gewissenhaft wie in der Öffentlichkeit. Wer davon abgeschreckt wird, bestimmte Sünden zu begehen, weil die Augen von Menschen auf ihm ruhen, und nicht zögert, sie zu begehen, wenn er allein ist, dem fehlt die Furcht Gottes. Ebenso ist es auch mit einem Menschen, der seine Sprache zügelt, wenn er von Christen umgeben ist, dies aber sonst nicht tut: Es mangelt ihm an Furcht Gottes. Dieser Mensch hat kein ehrfürchtiges Bewusstsein davon, dass Gott ihn zu *jeder* Zeit sieht und hört. Das wahrhaft erneuerte Herz *scheut* sich davor, Gott nicht zu gehorchen oder Ihn herauszufordern. Es will es auch nicht. Nein, sein echtes und tiefes Verlangen ist es, *Ihn* in allen Dingen zu *erfreuen,* zu jeder Zeit und an allen Orten. Sein aufrichtiges Gebet ist: »Richte mein Herz auf das eine, dass ich Deinen Namen fürchte!« (Psalm 86,11).

Nunmehr muss selbst ein Heiliger die Furcht Gottes *gelehrt* bekommen (Psalm 34,12). Und auch hierin werden wir wie immer durch die Schrift gelehrt (Sprüche 2,5). Durch sie lernen wir, dass Gottes Augen immer auf uns gerichtet sind, und dass Er unsere Handlungen bewertet und unsere Motive abwägt. Wenn der Heilige Geist die Schrift auf unsere Herzen anwendet, beachten wir zunehmend das Gebot: »Dein Herz ... trachte allezeit eifrig nach der Furcht des HERRN!« (Sprüche 23,17). Folglich profitieren wir wirklich vom Lesen und Studieren der Bibel entsprechend dem Maße, wie ehrfurchtsvoll wir gegenüber Gottes ehrfurchtsgebietender Majestät sind, wie sehr wir uns dessen bewusst sind, dass Gott uns sieht (1. Mose 16,13), und wie wir unser Heil »mit Furcht und Zittern« verwirklichen (Philipper 2,12).

EINE TIEFERE EHRFURCHT GEGENÜBER GOTTES GEBOTEN

Die Sünde kam in die Welt, als Adam Gottes Gesetz brach, und alle seine gefallenen Kinder werden in seinem verdorbenen Bild gezeugt. »Die Sünde ist die Gesetzlosigkeit« (1. Johannes 3,4). Sünde ist eine Art des Hochverrats, eine Art der geistlichen Anarchie. Sie ist die Nichtanerkennung von Gottes Herrschaft, die Aufhebung Seiner Autorität, die Rebellion gegen Seinen Willen. Sünde bedeutet: unseren eigenen Willen durchzusetzen. Erlösung dagegen ist die Befreiung von Sünde, von ihrer Schuld, von ihrer Kraft sowie ihrer Strafe. Derselbe Geist, der uns von unserer Bedürftigkeit der Gnade

Gottes überführt, überführt uns auch von unserer Bedürftigkeit der Regierung Gottes über unserem Leben. Die Verheißung Gottes für Sein Bundesvolk ist: »Ich will ihnen Meine Gesetze in den Sinn geben und sie in ihre Herzen schreiben; und Ich will ihr Gott sein« (Hebräer 8,10).

Jeder erneuerten Seele wird ein Geist des Gehorsams zuteil. Christus sagte: »Wenn jemand Mich liebt, so wird er Mein Wort befolgen« (Johannes 14,23). Hier ist die Prüfung: »Und daran erkennen wir, dass wir Ihn erkannt haben, wenn wir Seine Gebote halten« (1. Johannes 2,3). Keiner von uns hält sie auf vollkommene Weise; doch jeder wirkliche Christ begehrt dies zu tun und trachtet danach. Gemeinsam mit Paulus sagt er: »Denn ich habe Lust an dem Gesetz Gottes nach dem inneren Menschen« (Römer 7,22). Gemeinsam mit dem Psalmisten sagt er: »Den Weg der Treue habe ich erwählt« (Psalm 119,30), »Deine Zeugnisse sind mein ewiges Erbe« (Psalm 119,111). Und eine Lehre, die Gottes Autorität herabsetzt, die Seine Gebote ignoriert, die behauptet, dass ein Christ in *keinem* Sinne unter dem Gesetz sei, ist vom Teufel – wie glatt die Worte seines menschlichen Werkzeugs auch sein mögen. Christus hat Sein Volk von dem Fluch des Gesetzes erlöst und nicht von Seinem Gebot; Er hat es vom Zorn Gottes errettet, aber nicht von Seiner Herrschaft. Das Gebot »Und du sollst den HERRN, deinen Gott, lieben mit deinem ganzen Herzen« (5. Mose 6,5) ist niemals aufgehoben worden und wird auch niemals aufgehoben werden.

1. Korinther 9,21 bestätigt ausdrücklich, dass wir unter dem Gesetz Christi sind. »Wer sagt, dass er in Ihm bleibt, der ist verpflichtet, auch selbst so zu wandeln, wie Jener gewandelt ist« (1. Johannes 2,6). Und *wie* »wandelte« Christus? In vollkommenem Gehorsam gegenüber Gott, in vollständiger Unterwerfung unter Sein Gesetz, indem Er es ehrte und befolgte in Gedanken, Worten und Taten. Er kam nicht, um

das Gesetz aufzulösen, sondern um es zu erfüllen (Matthäus 5,17). Und unsere Liebe zu Ihm wird nicht durch angenehme Gefühle oder schöne Worte ausgedrückt, sondern durch das Halten Seiner Gebote (Johannes 14,15), und die Gebote von Christus sind die Gebote Gottes (2. Mose 20,6). Das aufrichtige Gebet des wirklichen Christen ist: »Lass mich wandeln auf dem Pfad Deiner Gebote, denn ich habe Lust an ihm« (Psalm 119,35). Wir profitieren nur in dem Maße von der Schrift, wie das Lesen und Studieren derselben unter dem Wirken des Heiligen Geistes in uns eine größere Liebe zu Gottes Geboten, einen tieferen Respekt ihnen gegenüber und eine genauere Einhaltung von ihnen hervorbringt.

EIN FESTERES VERTRAUEN AUF GOTTES ALLGENUGSAMKEIT

Auf was oder auf wen auch immer ein Mensch vertraut, das ist sein »Gott«. Einige vertrauen auf Gesundheit, andere auf Reichtum; einige auf sich selbst, andere auf ihre Freunde. Was alle nicht-erneuerten Menschen kennzeichnet, ist, dass sie sich auf einen fleischlichen Arm stützen. Doch die Herzen der durch Gnade Erwählten werden davon weggezogen, ihren Halt bei Geschöpfen zu suchen – dahin, sich auf den lebendigen Gott zu stützen. Gottes Volk sind die Kinder des Glaubens. In ihren Herzen sprechen sie: »Mein Gott, ich vertraue auf Dich! Lass mich nicht zuschanden werden« (Psalm 25,2). Und nochmals: »Auch wenn Er mich schlägt, ich will Ihm vertrauen« (Hiob 13,15; KJV). Sie verlassen sich auf Gott, dass Er sie beschützt und segnet. Sie schauen auf eine unsichtbare Quelle, rechnen mit einem unsichtbaren Gott und stützen sich auf Seinen unsichtbaren Arm.

Natürlich gibt es Zeiten, in denen ihr Glaube wankt; doch wenn sie auch fallen, sind sie nicht völlig niedergeschlagen.

Wenn es auch nicht ihre gleichbleibende Erfahrung sein mag, drückt doch Psalm 56,12 den allgemeinen Zustand ihrer Seele aus: »Auf Gott vertraue ich und fürchte mich nicht; was kann ein Mensch mir antun?« Ihr aufrichtiges Gebet ist: Herr, vermehre unseren Glauben! »Demnach kommt der Glaube aus der Verkündigung, die Verkündigung aber durch Gottes Wort« (Römer 10,17). Folglich wird, wenn man über die Schrift nachdenkt und ihre Verheißungen in den Sinn aufnimmt, der Glaube gestärkt, das Vertrauen auf Gott erhöht und die Zuversicht gefestigt. Dadurch können wir herausfinden, ob wir von unserem Studium der Bibel profitieren oder nicht.

EINE VÖLLIGERE FREUDE AN GOTTES VOLLKOMMENHEIT

Das, woran sich ein Mensch am meisten freut, ist sein »Gott«. Das armselige Kind der Welt sucht seine Erfüllung in seinen Beschäftigungen, Vergnügungen und Besitztümern. Indem es das Wesentliche nicht beachtet, jagt es vergeblich Schatten nach. Doch der Christ erfreut sich an der wunderbaren Vollkommenheit Gottes. Gott wirklich zu *unserem* Gott zu haben, bedeutet nicht nur, sich Seinem Zepter zu unterwerfen, sondern Ihn mehr als die Welt zu lieben, Ihn über allem und jedem anderen zu schätzen. Es bedeutet, wie der Psalmist die auf Erfahrung basierende Erkenntnis zu haben: »Alle meine Quellen sind in Dir!« (Psalm 87,7). Die Erlösten haben nicht nur eine Freude von Gott empfangen, die diese arme Welt nicht verleihen kann, sondern sie »sind glücklich über Gott« (Römer 5,11; KJV), und davon weiß das arme Kind der Welt nichts. Die Worte der Erlösten sind: »Der HERR ist mein Teil!« (Klagelieder 3,24).

Geistliche Betätigung ist dem Fleisch lästig. Doch der wirkliche Christ sagt: »Mir aber ist die Nähe Gottes köstlich« (Psalm 73,28). Der fleischliche Mensch hat viele Begierden und Ambitionen; die erneuerte Seele erklärt: »Eines erbitte ich von dem HERRN, nach diesem will ich trachten: dass ich bleiben darf im Haus des HERRN mein ganzes Leben lang, um die Lieblichkeit des HERRN zu schauen« (Psalm 27,4). Und warum? Weil das wahre Empfinden seines Herzens ist: »Wen habe ich im Himmel [außer Dir]? Und neben Dir begehre ich nichts auf Erden« (Psalm 73,25). Ach, lieber Leser, wenn Ihr Herz nicht dahin gezogen wird, Gott zu lieben und sich *an Ihm zu erfreuen*, dann ist es Ihm gegenüber immer noch taub.

Die Worte der Heiligen sind: »Denn der Feigenbaum wird nicht ausschlagen und der Weinstock keinen Ertrag geben; die Frucht des Ölbaums wird trügen, und die Felder werden keine Nahrung liefern; die Schafe werden aus den Hürden getilgt, und kein Rind wird mehr in den Ställen sein. Ich aber will mich freuen in dem HERRN und frohlocken über den Gott meines Heils!« (Habakuk 3,17-18). Dies ist wahrhaftig eine übernatürliche Erfahrung! Ja, ein Christ kann sich freuen, wenn all sein weltlicher Besitz von ihm genommen wird (vgl. Hebräer 10,34). Wenn er mit blutendem Rücken in einem Kerker liegt, kann er Gott immer noch Loblieder singen (vgl. Apostelgeschichte 16,25). Folglich profitieren Sie wirklich von der Schrift in dem Maße, wie Sie von den leeren Vergnügungen dieser Welt entwöhnt werden; Sie lernen, dass es keinen Segen außer bei Gott gibt; Sie entdecken, dass Er die Quelle und Summe aller Vortrefflichkeit ist und Ihr Herz zu Ihm hingezogen wird, Ihr Sinn auf Ihn gerichtet ist und Ihre Seele ihre Freude und Erfüllung in Ihm findet.

EINE UMFANGREICHERE UNTERORDNUNG UNTER GOTTES VORSEHUNG

Es ist natürlich, zu murren, wenn Dinge fehlschlagen. Es ist übernatürlich, unseren Frieden beizubehalten. Es ist natürlich, enttäuscht zu sein, wenn unsere Pläne misslingen. Es ist übernatürlich, sich *Seinen* Bestimmungen zu beugen. Es ist natürlich, unseren eigenen Weg gehen zu wollen. Es ist übernatürlich, zu sagen: »Nicht mein, sondern Dein Wille geschehe!« (Lukas 22,42). Es ist natürlich, sich aufzulehnen, wenn einer unserer Geliebten von uns genommen wird; es ist übernatürlich, von Herzen zu sagen: »Der HERR hat gegeben, der HERR hat genommen, der Name des HERRN sei gelobt!« (Hiob 1,21). Wenn Gott wirklich zu unserem Erbteil wird, lernen wir es, Seine Weisheit zu bewundern und zu wissen, dass Er alle Dinge gut macht. Folglich wird das Herz in vollkommenem Frieden bewahrt, wenn der Sinn auf Ihn gerichtet bleibt (Jesaja 26,3). Hier haben wir also einen anderen sicheren Test: Wenn Ihr Studium der Bibel Sie lehrt, dass *Gottes Weg* der beste ist; wenn es bei Ihnen bewirkt, sich allen Seinen Fügungen klaglos zu unterwerfen; wenn Sie befähigt sind, für *alle* Dinge Dank zu sagen (Epheser 5,20), dann profitieren Sie wirklich davon.

EIN LEIDENSCHAFTLICHER LOBGESANG FÜR GOTTES GÜTE

Lobgesang strömt aus einem Herzen, das seine Erfüllung in Gott findet. Die Worte eines solchen Menschen sind: »Ich will den HERRN preisen allezeit, Sein Lob soll immerzu in meinem Mund sein« (Psalm 34,2). Welch überschwänglichen Grund hat doch Gottes Volk, Ihn zu loben! Sie sind geliebt mit einer unvergänglichen Liebe. Sie wurden zu Söhnen und Erben gemacht. Alle Dinge zusammen dienen ihnen zum Besten. All ihre Bedürfnisse werden erfüllt. Eine Ewigkeit in Glückseligkeit ist ihnen zugesagt. Ihre Harfen der Freude werden niemals schweigen – auch dann nicht, wenn sie die ewige Gemeinschaft mit Ihm genießen, an dem »alles lieblich« ist. Je mehr wir in der Erkenntnis Gottes wachsen (Kolosser 1,10), desto mehr werden wir Ihn verehren. Doch nur, wenn das Wort reichlich in uns wohnt, werden wir mit geistlichen Liedern erfüllt (Kolosser 3,16) und singen dem Herrn in unseren Herzen. Je mehr unsere Seelen zu wahrer Anbetung gezogen werden, desto häufiger wird es vorkommen, dass wir unserem großen Gott danken und Ihn loben, und desto klarer bezeugen wir, dass wir von unserem Studium Seines Wortes profitieren.

3

DIE SCHRIFT UND CHRISTUS

In dieser Schriftenreihe folgen wir dem Gebot des *Erlebens.* Solange der Mensch nicht völlig unzufrieden mit sich selbst ist, beginnt er nicht, nach Gott zu trachten. Die von Satan getäuschte und gefallene Schöpfung ist selbstzufrieden, bis ihre durch Sünde verblendeten Augen geöffnet werden, um einen Blick auf sich selbst zu bekommen. Der Heilige Geist bewirkt in uns zunächst eine Wahrnehmung unserer Unwissenheit, Selbstgefälligkeit, Armut und Verdorbenheit, bevor Er uns dahin bringt, zu erkennen und einzugestehen, dass man nur in Gott allein wahre Weisheit, wirkliches Glück, vollkommene Güte und fleckenlose Gerechtigkeit finden kann. Unsere Unvollkommenheit muss uns bewusst gemacht werden, bevor wir die göttliche Vollkommenheit wirklich wertschätzen können. Wenn der Mensch die Vollkommenheit Gottes betrachtet, wird er sich noch bewusster über die Entfernung, die ihn vom Allerhöchsten trennt. Wenn er etwas über Gottes dringliche Forderungen an ihn erfährt und über seine eigene völlige Unfähigkeit, diesen nachzukommen, ist er bereit, die frohe Botschaft zu hören, dass ein anderer diese Forderungen für alle die erfüllt hat, die dazu geleitet werden, an Ihn zu glauben.

»Ihr erforscht die Schriften«, sagte der Herr Jesus, und dann fügte Er hinzu: »[U]nd *sie* sind es, die von Mir Zeugnis geben« (Johannes 5,39). Sie zeugen von Ihm als dem einzigen Retter für umkommende Sünder, als dem einzigen Mittler zwischen Gott und Mensch, als dem Einzigen, durch den man dem Vater nahen kann. Sie zeugen von der wundervollen Vollkommenheit Seiner Person, der mannigfaltigen Herrlichkeit Seines Dienstes, der Allgenugsamkeit Seines vollendeten Werkes. Abgesehen von der Schrift kann Er nicht erkannt werden. In ihr allein wird Er offenbart. Wenn der Heilige Geist von den Dingen Christi schöpft, sie Seinem Volk zeigt und sie so der Seele kundtut, verwendet Er nichts außer dem, was geschrieben steht. So wie es wahr ist, dass Christus der Schlüssel zur Schrift ist, ist es gleichermaßen wahr, dass uns nur in der Schrift das »Geheimnis des Christus« (Epheser 3,4) aufgeschlossen wird.

In welchem Maß wir von unserem Lesen und Studieren der Schrift profitieren, können wir daran feststellen, wie sehr Christus unseren Herzen realer und wertvoller wird. »Wachst dagegen in der Gnade« wird damit definiert, dass es durch die »Erkenntnis unseres Herrn und Retters Jesus Christus« (2. Petrus 3,18) geschieht; der zweite Satzteil ist nicht irgendein Zusatz zum ersten, sondern ist eine Erklärung davon. Christus zu »erkennen« (Philipper 3,10) war die höchste Sehnsucht und das Ziel des Apostels Paulus, eine Sehnsucht und ein Ziel, dem er alle anderen Belange unterordnete. Doch beachten Sie wohl, dass die Erkenntnis, von der in diesen Versen gesprochen wird, keine intellektuelle, sondern eine geistliche ist; keine theoretische, sondern eine auf Erfahrung beruhende; keine allgemein gültige, sondern eine persönliche. Es handelt sich um eine übernatürliche Erkenntnis, die dem erneuerten Herzen durch das Wirken des Heiligen Geistes gewährt wird, da Er die Schrift, die Ihn betrifft, für uns deutet und verwendet.

Nunmehr profitiert der Gläubige auf verschiedene Weise durch die Erkenntnis von Christus, die der Heilige Geist ihm entsprechend seiner wechselnden Verfassung, Umstände und Bedürfnisse durch die Schrift verleiht. In Bezug auf das Brot, das Gott den Kindern Israels während ihrer Wüstenwanderung schenkte, ist aufgezeichnet, dass »der eine viel, der andere wenig« sammelte (2. Mose 16,17). Dasselbe trifft auf unsere Fassungskraft von Ihm zu, von dem das Manna ein Typus war. In der wundersamen Person Christi gibt es das, was für jede unserer Verfassungen, jeden Umstand, jedes Bedürfnis passt – sowohl für die jetzige Zeit als auch für die Ewigkeit. Doch wir erkennen dies nur schwerfällig und sind noch schwerfälliger, danach zu handeln. In Christus gibt es eine unerschöpfliche Fülle der Gnade (Johannes 1,16), die uns zur Verfügung steht, um sie in Anspruch zu nehmen. Das Prinzip, welches das Ausmaß reguliert, zu dem wir »stark [werden] in der Gnade, die in Christus Jesus ist« (2. Timotheus 2,1), ist Matthäus 9,29: »Euch geschehe nach eurem Glauben!«

EINE PERSON PROFITIERT VON DER SCHRIFT, WENN SIE IHR OFFENBART, DASS SIE CHRISTUS NÖTIG HAT

In seinem natürlichen Vermögen hält sich der Mensch für unabhängig. Natürlich hat er eine trübe Wahrnehmung davon, dass zwischen ihm und Gott nicht alles ganz in Ordnung ist; doch bereitet es ihm keine Schwierigkeiten, sich selbst davon zu überzeugen, dass er in der Lage sei, zu tun, was Ihn milde stimmen werde. Dies liegt allen menschlichen Religionen zugrunde, angefangen bei Kain, auf dessen »Weg« (Judas, 11) eine Vielzahl von Menschen immer noch wandelt. Man erzähle einem tief religiösen Menschen: »Die im Fleisch sind, können Gott nicht gefallen« (Römer 8,8) – sofort ist er beleidigt. Drängen Sie ihm die Tatsache auf, dass »alle unsere Gerechtigkeit wie ein beflecktes Kleid« (Jesaja 64,5) ist – und seine heuchlerische Glattheit wird sich sofort in Ärger verwandeln. So war es, als Christus auf der Erde war. Die religiösesten Menschen von allen, die Juden, hatten kein Gespür dafür, dass *sie* verloren waren und einen allmächtigen Erretter bitter nötig hatten.

»Nicht die Starken brauchen den Arzt, sondern die Kranken« (Matthäus 9,12). Es ist der besondere Dienst des Heiligen Geistes, den Sünder durch die Anwendung der Schrift von seinem hoffnungslosen Zustand zu überführen und ihn dazu zu bringen, zu erkennen, dass seine Verfassung so ist, dass »[v]on der Fußsohle bis zum Scheitel nichts Unversehrtes an ihm [ist], sondern klaffende Wunden und Striemen und frische Verletzungen« (Jesaja 1,6). Der Heilige Geist überführt uns von unseren Sünden – unserer Undankbarkeit gegenüber Gott, unserem Murren gegen Ihn, unserem Abirren von Ihm –, legt uns eindringlich die Ansprüche Gottes nahe – Sein Recht auf unsere Liebe, unseren Gehorsam und unsere Anbetung – und führt uns all unser trauriges Versagen vor Augen in Bezug darauf, Ihm das zu erweisen, was Ihm rechtmäßig zusteht. So werden wir dahin gebracht, zu erkennen, dass Christus unsere einzige Hoffnung ist und dass der rechtmäßige Zorn Gottes ganz sicher auf uns fallen wird, außer wenn wir uns zu Ihm als unserem Zufluchtsort flüchten.

Diese Erkenntnis ist aber nicht auf die anfängliche Erfahrung der Bekehrung zu begrenzen. Je mehr der Geist Sein Werk der Gnade in dem erneuerten Herzen vertieft, umso mehr wird sich eine Person ihrer Verunreinigung, Sündhaftigkeit und ihrer Schändlichkeit bewusst; und umso mehr erkennt und lernt sie es zu schätzen, dass sie das so wertvolle Blut nötig hat, das sie von aller Sünde rein wäscht. Der Geist

ist da, um Christus zu verherrlichen; und die Weise, in der Er das tut, besteht vorrangig darin, die Augen derer, für die Er gestorben ist, immer weiter zu öffnen, damit sie erkennen, wie sehr sich Christus für solche elenden, verdorbenen, die Hölle verdienenden Geschöpfe eignet. Ja, je mehr wir wahrhaft von unserem Lesen der Schrift profitieren, umso mehr spüren wir, dass wir Ihn nötig haben.

EINE PERSON PROFITIERT VON DER SCHRIFT, WENN SIE CHRISTUS FÜR SIE REALER MACHT

Die große Menge der israelitischen Nation sah in den Bräuchen und Zeremonien, die Gott ihnen gegeben hatte, nichts weiter als die äußere Form. Doch ein erneuerter Überrest war dazu privilegiert, Christus höchst persönlich zu sehen. »Abraham, euer Vater, frohlockte, dass er Meinen Tag sehen sollte« (Johannes 8,56). Mose hielt »die Schmach des Christus für größeren Reichtum ... als die Schätze, die in Ägypten waren« (Hebräer 11,26). Wie bei den Israeliten damals verhält es sich mit der Christenheit. Für eine Vielzahl ist Christus nur ein Name oder bestenfalls eine historische Persönlichkeit. Sie haben keinen persönlichen Umgang mit Ihm, genießen keine geistliche Gemeinschaft mit Ihm. Hören sie einen, der mit Begeisterung von Seiner Vollkommenheit spricht, so halten sie ihn für einen Enthusiasten oder Fanatiker. Für sie ist Christus unwirklich, fern und nicht greifbar. Doch bei dem wirklichen Christen verhält es sich völlig anders. Die Worte seines Herzens sind:

Ich habe die Stimme Jesu gehört,
Erzähle mir nicht von irgendetwas anderem;
Ich habe das Angesicht Jesu gesehen,
Und meine Seele ist gesättigt.

Doch eine solch glückselige Sicht ist nicht die beständige und gleichbleibende Erfahrung der Heiligen. Genauso wie sich Wolken zwischen die Sonne und die Erde schieben, so stören Fehlschläge in unserem Wandel unsere Gemeinschaft mit Christus und bewirken, dass das Licht Seines Angesichts vor uns verborgen wird. »Wer Meine Gebote festhält und sie befolgt, der ist es, der Mich liebt; wer aber Mich liebt, der wird von Meinem Vater geliebt werden, und Ich werde ihn lieben und Mich ihm offenbaren« (Johannes 14,21). Ja, demjenigen, der durch Gnade auf dem Pfad des Gehorsams schreitet, gewährt der Herr Jesus Offenbarungen Seiner Selbst. Und je häufiger und ausgedehnter diese Erfahrungen sind, desto realer wird Er für die Seele, bis wir gemeinsam mit Hiob sagen können: »Vom Hörensagen hatte ich von Dir gehört, aber nun hat mein Auge Dich gesehen« (Hiob 42,5). Folglich ist es so, dass ich umso mehr vom Wort profitiere, je mehr Christus für mich eine lebendige Realität wird.

EINE PERSON PROFITIERT VON DER SCHRIFT, WENN SIE VON DER VOLLKOMMENHEIT CHRISTI MEHR VEREINNAHMT WIRD

Es ist ein Gefühl der Bedürftigkeit, welches die Seele zuerst zu Christus treibt; doch es ist die Erkenntnis Seiner Vollkommenheit, die uns dahin zieht, Ihm nachzufolgen. Je realer Christus für uns wird, desto mehr werden wir von Seiner Vollkommenheit angezogen. Zu Anfang wird Er nur als Retter gesehen; doch wenn der Geist darin fortfährt, aus dem Reichtum Christi zu schöpfen und uns diesen zeigt, entdecken wir, dass auf Seinem Haupt »viele Kronen« (Offenbarung 19,12) sind. Einst hieß es: »[U]nd man nennt Seinen Namen: Wunderbarer« (Jesaja 9,5). Sein Name bezeichnet alles, was Er ist, wie es in der Schrift kundgetan wird. »Wunderbar« sind Seine Ämter, in ihrer Zahl, Vielfalt und Allgenugsamkeit. Er ist der »Freund, der anhänglicher ist als ein Bruder« (Sprüche 18,24), um in jeder Notzeit zu helfen (17,17). Er ist der große Hohepriester, der von unseren Schwächen berührt ist. Er ist der Fürsprecher vor dem Vater, der uns vertritt, wenn Satan uns anklagt.

Die große Notwendigkeit für uns ist es, mit Ihm beschäftigt zu sein, zu Seinen Füßen zu sitzen wie damals Maria und aus Seiner Fülle zu empfangen. Unsere höchste Lust sollte diese sein: »[B]etrachtet den Apostel und Hohenpriester unseres Bekenntnisses, Christus Jesus« (Hebräer 3,1) – nachzusinnen über die verschiedenartigen Beziehungen, die Er zu uns aufrecht erhält; über die vielen Verheißungen nachzudenken, die Er gegeben hat; bei Seiner wundersamen und unveränderlichen Liebe zu uns zu verweilen. Während wir dies tun, werden wir uns selbst so am Herrn erfreuen, dass die verlockenden Stimmen dieser Welt für uns all ihren Zauber verlieren. Ach, lieber Leser, wissen Sie irgendetwas davon aus Ihrer eigenen tatsächlichen Erfahrung? Ist Christus für Ihr Herz der Hervorragende unter Zehntausenden (Hohelied 5,10)? Hat Er Ihr Herz gewonnen? Ist es unsere erste Freude, uns zurückzuziehen und mit Ihm beschäftigt zu sein? Wenn nicht, dann hat Ihnen Ihr Studium und Lesen der Bibel in der Tat nicht viel Gewinn gebracht.

EINE PERSON PROFITIERT VON DER SCHRIFT, WENN CHRISTUS FÜR SIE WERTVOLLER WIRD

Christus wird von allen wahren Gläubigen als kostbar angesehen (1. Petrus 2,7). Gegenüber der Vortrefflichkeit der Erkenntnis von Jesus Christus, ihrem Herrn, betrachten sie alle Dinge nur als Schaden (Philipper 3,8). Sein Name ist für sie

»wie ausgegossenes Salböl« (Hohelied 1,3). So wie die Herrlichkeit Gottes, die in der wundersamen Schönheit des Tempels und der Weisheit und Pracht Salomos zum Vorschein kam, von den äußersten Enden der Erde Anbeter zu ihm hinzog, so zieht die unvergleichliche Majestät von Christus, auf die dadurch hingedeutet wurde, die Herzen Seines Volkes noch stärker an. Der Teufel weiß das sehr gut; deshalb ist er unablässig damit beschäftigt, den Sinn derer zu verblenden, die nicht glauben, indem er zwischen ihnen und Christus die Verlockungen der Welt platziert. Gott erlaubt ihm, auch den Gläubigen anzugreifen; doch es steht geschrieben: »Widersteht dem Teufel, so flieht er von euch« (Jakobus 4,7). Widerstehen Sie ihm mit entschiedenem und ernsthaftem Gebet, während Sie den Geist flehentlich bitten, Ihre Liebe auf Christus hinzulenken!

Je mehr wir mit der Vollkommenheit Christi beschäftigt sind, desto mehr lieben und verehren wir Ihn. Es ist ein Mangel an auf Erfahrung basierender Vertrautheit mit Ihm, der unsere Herzen Ihm gegenüber so kalt macht. Doch wo wirkliche und tägliche Gemeinschaft gepflegt wird, da wird ein Christ in der Lage sein, zusammen mit dem Psalmisten zu sagen: »Wen habe ich im Himmel [außer Dir]? Und neben Dir begehre ich nichts auf Erden!« (Psalm 73,25). Dies ist der wahre Kern und das charakteristische Wesen wahren Christentums. Gesetzliche Eiferer mögen damit beschäftigt sein, Minze, Anis und Kümmel zu verzehnten; sie mögen die ganze Welt durchackern, um einen Proselyten hervorzubringen; und doch haben sie keine Liebe zu Gott in Christus. Das Herz ist es, was der Herr anschaut: »Gib Mir, Mein Sohn, dein Herz!« (Sprüche 23,26) ist Seine Forderung. Je kostbarer Christus für uns ist, desto mehr Freude hat Er an uns.

EINE PERSON, DIE VON DER SCHRIFT PROFITIERT, HAT EIN WACHSENDES VERTRAUEN AUF CHRISTUS

Es gibt Kleinglauben (Matthäus 14,31) und »großen Glauben« (Matthäus 8,10). Es gibt eine »völlige Gewissheit des Glaubens« (Hebräer 10,22) und ein Vertrauen auf den Herrn von ganzem Herzen (Sprüche 3,5). Genauso wie es ein Wachsen »von Kraft zu Kraft« (Psalm 84,8) gibt, so lesen wir auch davon, dass es »aus Glauben zum Glauben« geht (Römer 1,17). Je stärker und fester unser Glaube ist, desto mehr wird unser Herr Jesus geehrt. Selbst ein flüchtiges Lesen der vier Evangelien offenbart die Tatsache, dass den Retter nichts mehr erfreute als das feste Vertrauen, das die Wenigen auf Ihn setzten, die wirklich mit Ihm rechneten. Er Selbst lebte und wandelte durch Glauben, und je mehr wir dies tun, desto mehr werden wir als Glieder für unser Haupt passender. Über allem anderen gibt es eine Sache, die durch ernsthaftes Gebet angestrebt und eifrig begehrt werden sollte: dass unser Glaube zunehme. Von den Heiligen in Thessalonich konnte Paulus sagen: »[W]eil euer Glaube über die Maßen wächst« (2. Thessalonicher 1,3).

Nun kann man Christus überhaupt nicht vertrauen, es sei denn, dass man Ihn kennt. Und je besser man Ihn kennt, desto mehr wird man Ihm vertrauen: »Darum vertrauen auf Dich, die Deinen Namen kennen« (Psalm 9,11). Indem Christus für das Herz realer wird, wir zunehmend mit Seiner mannigfaltigen Vollkommenheit beschäftigt sind und Er uns kostbarer wird, wird unser Vertrauen auf Ihn vertieft, bis es so natürlich wird wie das Atmen. Das christliche Leben ist ein Wandel im Glauben (2. Korinther 5,7). Dieser Ausdruck bezeichnet einen fortwährenden Prozess, eine zunehmende Errettung aus Zweifeln und Ängsten, eine wachsende Zuversicht, dass Er alles ausführen wird, was

Er verheißen hat. Abraham ist der Vater aller, die glauben. Folglich liefern uns die Aufzeichnungen über sein Leben eine Illustration dessen, was ein wachsendes Vertrauen auf den Herrn kennzeichnet. Erstens kehrte er auf Sein bloßes Wort hin allem, was seinem Fleisch lieb war, den Rücken zu. Zweitens ging er in einfacher Abhängigkeit von Ihm in das Land der Verheißung und wohnte dort als ein Fremder und Gast, wobei er nie auch nur einen Acker davon besaß. Drittens dachte er in seinem hohen Alter, als ihm die Verheißung eines Nachkommen gegeben wurde, nicht über die Hindernisse auf dem Weg ihrer Erfüllung nach, sondern war stark im Glauben, indem er Gott die Ehre gab. Als er schließlich aufgefordert wurde, Isaak zu opfern, durch den die Verheißungen verwirklicht werden sollten, »zählte [er] darauf, dass Gott imstande ist, auch aus den Toten aufzuerwecken« (Hebräer 11,19).

In der Geschichte von Abraham wird uns gezeigt, wie die Gnade dazu in der Lage ist, ein böses Herz des Unglaubens zu unterwerfen; wie der Geist über das Fleisch siegreich sein kann; wie die übernatürlichen Früchte eines von Gott gegebenen und aufrechterhaltenen Glaubens von einem Menschen hervorgebracht werden können, der ähnliche Leidenschaften wie wir hatte. Dies ist zu unserer Ermutigung aufgezeichnet und damit wir beten, dass es dem Herrn gefallen möge, in uns zu wirken, was Er im und durch den Vater der Glaubenden gewirkt hat. Nichts erfreut, ehrt und verherrlicht Christus mehr als das feste Vertrauen, die erwartungsvolle Zuversicht und der kindliche Glaube derer, denen Er jeden Anlass gegeben hat, Ihm mit ihrem ganzen Herzen zu vertrauen. Und nichts beweist mehr, dass wir von der Schrift profitieren, als ein wachsender Glaube an Christus.

EINE PERSON PROFITIERT VON DER SCHRIFT, WENN SIE IN IHR EIN TIEFERES VERLANGEN ERZEUGT, CHRISTUS ZU GEFALLEN

»Oder wisst ihr nicht, dass ... ihr nicht euch selbst gehört? Denn ihr seid teuer erkauft« (1. Korinther 6,19-20). Dies ist die erste bedeutsame Tatsache, die Christen begreifen müssen. Von nun an sollen sie »nicht mehr für sich selbst leben, sondern für Den, der für sie gestorben und auferstanden ist« (2. Korinther 5,15). Liebe freut sich, ihrem Gegenüber zu gefallen, und je mehr unsere Zuneigung auf Christus gelenkt wird, desto mehr werden wir begehren, Ihn durch ein Leben im Gehorsam gegenüber Seinem offenbarten Willen zu ehren. »Wenn jemand Mich liebt, so wird er Mein Wort befolgen« (Johannes 14,23). Es geschieht nicht durch frohe Gefühlsregungen oder durch verbale Bekenntnisse der Hingabe, dass Christus am meisten geehrt wird, sondern durch die tatsächliche Aufnahme Seines Jochs und die praktische Unterordnung unter Seine Gebote.

Besonders an diesem Punkt wird die Echtheit unseres Bekenntnisses geprüft und erprobt. Haben diejenigen Glauben an Christus, die keine Anstrengung unternehmen, Seinen Willen zu erfahren? Was für eine Verachtung für den König, wenn seine Untertanen sich weigern, seine Bekanntmachungen zu lesen! Wo Glaube an Christus vorhanden ist, wird es Freude an Seinen Geboten geben und ein Bekümmertsein, wenn sie von uns gebrochen werden. Wenn wir Christus kränken, sollten wir unser Versagen beklagen. Ich kann nicht ernsthaft glauben, dass es meine Sünden waren, die den Sohn Gottes dazu veranlassten, Sein kostbares Blut zu vergießen, wenn ich sie nicht hasse. Wenn Christus unter unserer Sünde litt, sollten auch wir unter ihr leiden. Und je aufrichtiger wir darunter leiden, desto ernsthafter sollten wir die Gnade begehren, von allem erlöst zu werden, was unseren gepriesenen Erlöser kränkt, und uns nach der Kraft ausstrecken, alles zu tun, was Ihn erfreut.

EINE PERSON PROFITIERT VON DER SCHRIFT, WENN SIE IN IHR EINE SEHNSUCHT NACH DER WIEDERKUNFT CHRISTI BEWIRKT

Liebe kann mit nichts weniger befriedigt werden, als mit dem Anblick des Gegenstandes der Liebe. Natürlich schauen wir auch jetzt Christus durch Glauben an, doch es ist »mittels eines Spiegels wie im Rätsel«. Doch bei Seinem Kommen werden wir Ihn »von Angesicht zu Angesicht« sehen (1. Korinther 13,12). Dann werden Seine eigenen Worte erfüllt werden: »Vater, Ich will, dass, wo Ich bin, auch *die* bei Mir seien, die Du Mir gegeben hast, damit sie Meine Herrlichkeit sehen, die Du Mir gegeben hast; denn Du hast Mich geliebt vor Grundlegung der Welt« (Johannes 17,24). Nur das wird die Sehnsüchte Seines Herzens vollständig befriedigen, und nur das wird auch die Sehnsüchte derer vollständig befriedigen, die von Ihm erlöst worden sind. Erst dann wird Er, »nachdem Seine Seele Mühsal erlitten hat, ... die Fülle haben« (Jesaja 53,11). »Ich aber werde Dein Angesicht schauen in Gerechtigkeit, an Deinem Anblick mich sättigen, wenn ich erwache« (Psalm 17,15).

Bei der Wiederkunft Christi werden wir mit der Sünde für immer abgeschlossen haben. Die Auserwählten sind dazu bestimmt, dem Bilde des Sohnes Gottes gleichgestaltet zu werden, und diese göttliche Bestimmung wird erst verwirklicht, wenn Christus Sein Volk zu sich nimmt. »[W]ir wissen aber, dass wir Ihm gleichgestaltet sein werden, wenn Er offenbar werden wird; denn wir werden Ihn sehen, wie Er ist« (1. Johannes 3,2). Nie wieder wird unsere Gemeinschaft mit Ihm unterbrochen sein, nie wieder werden wir über unsere innere Verderbtheit stöhnen und jammern, nie wieder werden wir durch Unglauben beunruhigt werden. Er wird sich Seine Gemeinde Selbst als eine herrliche Gemeinde darstellen, die »weder Flecken noch Runzeln noch etwas Ähnliches« (Epheser 5,27) hat. Auf diese Stunde warten wir gespannt. Nach unserem Erlöser halten wir liebevoll Ausschau. Je mehr wir uns nach dem Kommenden sehnen, und je mehr wir unsere Lampen in innigster Erwartung Seines Kommens zurechtmachen, desto mehr bekunden wir, dass wir von unserer Kenntnis des Wortes profitieren.

Leser und Autor sollten sich selbst in der Gegenwart Gottes überprüfen. Wir sollten auf folgende Fragen ehrliche Antworten suchen. Haben wir einen tieferen Sinn dafür, dass wir Christus unbedingt nötig haben? Wird Er Selbst für uns eine leuchtende und lebendige Wirklichkeit? Empfinden wir eine zunehmende Freude, während wir uns mit Seiner Vollkommenheit beschäftigen? Wird Christus für uns jeden Tag kostbarer? Wächst unser Glaube an Ihn, so dass wir Ihm in allem getrost vertrauen? Erstreben wir es wirklich, Ihn in allen Einzelheiten unseres Lebens zu erfreuen? Sehnen wir uns so nach Ihm, dass wir mit Freude erfüllt würden, wenn wir sicher wüssten, dass Er während der nächsten vierundzwanzig Stunden kommen würde? Möge der Heilige Geist unsere Herzen durch diese angeführten Fragen erforschen!

4

DIE SCHRIFT UND DAS GEBET

Ein nicht betender Christ ist ein Widerspruch in sich selbst. So wie ein tot geborenes Kind tot ist, ist ein bekennender Gläubiger, der nicht betet, ohne geistliches Leben. Gebet ist das Atmen der neuen Natur in dem Heiligen, während das Wort Gottes seine Nahrung ist. Als der Herr dem Jünger von Damaskus versicherte, dass Saul von Tarsus wirklich bekehrt worden war, sagte Er ihm: »[S]iehe, er betet« (Apostelgeschichte 9,11). Zu vielen Gelegenheiten hatte dieser selbstgerechte Pharisäer seine Knie vor Gott gebeugt und war seine »Andachtsübungen« durchgegangen; doch dies war das erste Mal, dass er jemals wirklich *betete*. Diese wichtige Unterscheidung muss in der heutigen Zeit der kraftlosen Formen betont werden (2. Timotheus 3,5). Die, welche sich mit formellen Anreden gegenüber Gott zufrieden geben, kennen Ihn nicht, denn der »Geist der Gnade und des Gebets« (Sacharja 12,10) ist nie voneinander getrennt. Gott hat keine stummen Kinder in Seiner wiedergeborenen Familie: »Gott aber, wird Er *nicht* Seinen Auserwählten Recht schaffen, die Tag und Nacht zu Ihm rufen?« (Lukas 18,7). Ja, zu Ihm »rufen«, nicht nur ihre Gebete »aufsagen«.

Doch wird der Leser überrascht sein, wenn der Schreiber erklärt, dass es seine wachsende Überzeugung ist, dass das Volk des Herrn wahrscheinlich mehr bei seinen Bemühungen zu beten sündigt als in Verbindung mit irgendwelchen anderen Dingen, die es betreibt? Was für eine Heuchelei gibt es da, wo Wirklichkeit sein sollte! Was für anmaßende Forderungen, wo Ergebenheit sein sollte! Was für eine Förmlichkeit, wo Zerbrochenheit des Herzens sein sollte! Wie wenig wir doch die Sünden, die wir bekennen, wirklich *fühlen*, und wie wenig *Sinn* wir haben für die tiefgreifende Notwendigkeit der Gnade, die wir suchen! Und selbst da, wo Gott ein Maß an Befreiung von diesen furchtbaren Sünden gewährt – wie viel Herzenskälte, wie viel Unglauben, wie viel Eigenwillen und Selbstgefälligkeit müssen wir da beklagen! Diejenigen, welche sich bezüglich dieser Dinge kein Gewissen machen, sind Fremdlinge gegenüber dem Heiligen Geist.

Nun sollte das Wort Gottes während des Gebets unser Wegweiser sein. Ach, wie oft haben wir unsere eigenen fleischlichen Neigungen zur Richtlinie für unsere Bitten gemacht! Die Heilige Schrift ist uns gegeben worden, »damit der Mensch Gottes ganz zubereitet sei, zu jedem guten Werk völlig ausgerüstet« (2. Timotheus 3,17). Da wir aufgefordert sind, »im Heiligen Geist« zu beten (Judas 20), folgt daraus, dass unsere Gebete in Übereinstimmung mit der Schrift sein sollen, da wir erkennen, dass Er durchweg ihr Autor ist. Gleichermaßen folgt daraus, dass entsprechend dem Maß, in dem das Wort des Christus in uns »reichlich« (Kolosser 3,16) oder spärlich wohnt, unsere Bitten mehr oder weniger im Einklang mit den Absichten des Geistes sein werden. »Denn wovon das Herz voll ist, davon redet der Mund« (Matthäus 12,34). Im Verhältnis dazu, wie wir das Wort in unseren Herzen bewahren und es unseren inneren Menschen reinigt, formt und bestimmt, werden unsere Gebete aus Gottes Sicht annehmbar sein. Dann werden wir – wie David in einem anderen Zusammenhang – in der Lage sein zu sagen: »[A]us Deiner eigenen Hand haben wir Dir gegeben« (1. Chronik 29,14).

Folglich sind die Reinheit und Kraft unseres Gebetslebens ein weiteres Kriterium, durch das wir das Ausmaß feststellen können, in dem wir von unserem Lesen und Durchforschen der Schrift profitieren. Wir müssen uns bezüglich unseres Bibelstudiums folgende Fragen stellen: Überführt es uns – unter dem Einfluss des Heiligen Geistes – von der Sünde der Gebetslosigkeit? Offenbart es uns den Platz, den Gebet in unserem täglichen Leben haben sollte? Bringt es uns wirklich dahin, mehr Zeit im Verborgenen mit dem Allerhöchsten zu verbringen? Lehrt es uns, wie man für Gott annehmbarer betet, wie man sich Seine Verheißungen aneignet und sich vor Ihm auf sie beruft, wie man sich Seine Vorschriften aneignet und in Gebete umsetzt? Tut es dies nicht, dann ist nicht nur die Zeit, die wir über dem Wort verbringen, nur eine geringe oder gar keine Bereicherung für die Seele gewesen, sondern eben dieses Buchstabenwissen, das wir uns daraus angeeignet haben, wird nur zu unserer Verurteilung an dem Tag, der kommen wird, beitragen. »Seid aber Täter des Wortes und nicht bloß Hörer, die sich selbst betrügen!« (Jakobus 1,22) Dieser Vers steht für Ermahnungen des Wortes zum Gebet wie auch für alle anderen Ermahnungen. – Wir wollen nun sieben Kriterien erläutern.

WIR PROFITIEREN VON DER SCHRIFT, WENN SIE BEI UNS BEWIRKT, DASS WIR DIE TIEFGREIFENDE WICHTIGKEIT DES GEBETS ERKENNEN

Es ist wirklich zu befürchten, dass viele Leser (und selbst Studierende) der Bibel gegenwärtig keine tiefe Überzeugung davon haben, dass ein entschiedenes Gebetsleben absolut unentbehrlich für den täglichen Wandel und vertrauten Umgang mit Gott ist, genauso wie für die Errettung von der Macht der innewohnenden Sünde, den Verführungen der Welt und den Angriffen Satans. Wenn eine solche Überzeugung wirklich ihre Herzen ergreifen würde, würden sie dann nicht weit mehr Zeit auf ihrem Angesicht vor Gott verbringen? Es ist etwas Schlimmeres als Faulheit, zu antworten: »Eine Vielzahl von zu erfüllenden Verpflichtungen verdrängen das Gebet, wenngleich auch sehr gegen meinen Willen.« Doch die Tatsache bleibt bestehen, dass sich jeder von uns Zeit für alles nimmt, was wir für unerlässlich halten. Wer hat jemals ein arbeitsreicheres Leben als unser Erretter geführt? Wer hat dennoch mehr Zeit fürs Gebet gefunden? Wenn wir uns aufrichtig danach sehnen, Bittsteller und Fürsprecher vor Gott zu sein und alle verfügbare Zeit, die wir jetzt haben, verwenden, wird Er die Dinge für uns so ordnen, dass wir mehr Zeit haben werden.

Der Mangel an positiver Überzeugung von der tiefgreifenden Wichtigkeit des Gebets wird deutlich durch das Gemeindeleben bekennender Christen bewiesen. Gott hat deutlich gesagt: »Mein Haus soll ein Bethaus genannt werden!« (Matthäus 21,13). Beachten Sie: nicht ein »Haus des Predigens und Singens«, sondern ein *Bethaus.* Doch bei der großen Mehrheit selbst sogenannter rechtgläubiger Gemeinden ist der Dienst des Gebets zu einer unbedeutenden Größe geworden. Es gibt immer noch evangelistische Einsätze und Bibellehrkonferenzen. Doch wie selten hört man von zwei Wochen, die speziell für Gebet vorgesehen sind! Und wie viel Gutes bringen diese »Bibelkonferenzen« zuwege, wenn das Gebetsleben der Gemeinden nicht gestärkt wird? Doch wenn der Geist Gottes auf unsere Herzen in Vollmacht Worte anwendet wie: »Wacht und betet, damit ihr nicht in Versuchung kommt!« (Markus 14,38), »in allem lasst durch Gebet und Flehen mit

Danksagung eure Anliegen vor Gott kundwerden« (Philipper 4,6), »Seid ausdauernd im Gebet und wacht darin mit Danksagung« (Kolosser 4,2), dann profitieren wir von der Schrift.

WIR PROFITIEREN VON DER SCHRIFT, WENN SIE UNS DAS GEFÜHL GIBT, DASS WIR NICHT WISSEN, WIE WIR BETEN SOLLEN

»[W]ir wissen nicht, was wir beten sollen, wie sich's gebührt« (Römer 8,26). Wie wenige bekennende Christen glauben das wirklich!? Die am weitesten verbreitete Vorstellung ist, dass die Leute gut genug wüssten, für was sie beten sollten, dass sie jedoch nachlässig und böse seien und es somit versäumten, für das zu beten, von dem sie sicher sind, dass es ihre Pflicht sei. Doch solch eine Auffassung weicht geradewegs von der in Römer 8,26 inspirierten Aussage ab. Man beachte, dass diese das Fleisch demütigende Aussage nicht einfach über Menschen im Allgemeinen getroffen wird, sondern speziell über die Heiligen Gottes, wobei der Apostel nicht zögerte, sich unter diese mitzuzählen: »*[W]ir* wissen nicht, was wir beten sollen, wie sich's gebührt ...« Wenn das der Zustand der erneuerten Menschen ist, wie viel mehr dann derjenige der nicht erneuerten! Es ist jedoch eines, innerlich dem zuzustimmen, was dieser Vers sagt; doch es ist noch etwas ganz anderes, eine auf Erfahrung basierende Erkenntnis davon zu haben, ein Gefühl im Herzen, dass Gott das, was Er von uns verlangt, *Selbst* in und durch uns wirken muss.

»Oft spreche ich meine Gebete, doch bete ich jemals? Und entsprechen die Wünsche meines Herzens den Worten, die ich sage? Ich könnte mich ebenso niederknien und Götzen aus Stein anbeten, wie dem lebendigen Gott ein Gebet darbringen, das nur aus Worten besteht.«

Es ist viele Jahre her, seit dem Schreiber diese Zeilen von seiner Mutter – die jetzt »in der Gegenwart des Herrn« ist – gelehrt wurden; doch die eindringliche Botschaft dieser Zeilen wirkt immer noch auf ihn. Ein Christ kann ohne die unmittelbare Befähigung des Heiligen Geistes genauso wenig beten, wie er eine Welt erschaffen kann. Das muss auch so sein; denn wirkliches Gebet ist ein empfundenes Bedürfnis, das vom Heiligen Geist in uns geweckt wird, so dass wir Gott im Namen von Christus um das bitten, was mit Seinem heiligen Willen übereinstimmt. »Und das ist die Freimütigkeit, die wir Ihm gegenüber haben, dass Er uns hört, wenn wir Seinem Willen gemäß um etwas bitten« (1. Johannes 5,14). Jedoch um etwas zu bitten, das nicht dem Willen Gottes entspricht, ist nicht Gebet, sondern Anmaßung. Natürlich wird Gottes offenbarter Wille in Seinem Wort kundgetan, doch nicht so wie bei einem Kochbuch, in dem Rezepte und Anweisungen zur Zubereitung verschiedener Speisen enthalten sind. Die Schrift benennt oft einzelne Prinzipien, bezüglich derer eine beständige Übung des Herzens und göttliche Hilfe erforderlich ist, damit wir ihre Anwendung auf die verschiedenen Situationen und Umstände verstehen können. Also profitieren wir von der Schrift, wenn wir gelehrt werden, wie sehr wir es nötig haben zu flehen: »Herr, lehre uns beten!« (Lukas 11,1), und tatsächlich gezwungen werden, Ihn um den Geist des Gebets zu bitten.

WIR PROFITIEREN VON DER SCHRIFT, WENN UNS UNSER BEDÜRFNIS NACH DER HILFE DES GEISTES BEWUSST GEMACHT WIRD - ZUNÄCHST DAZU, DASS ER UNS UNSERE WIRKLICHEN NÖTE KUNDTUT

Nehmen wir zum Beispiel unsere vorübergehenden Nöte. Wie oft sind wir in irgendeinem äußerlichen Engpass. Dinge von außen bedrängen uns hart, und wir sehnen uns danach, von diesen Strapazen und Schwierigkeiten erlöst zu werden. Gewiss »wissen« wir *hierbei* selbst, für *was* wir beten sollen – oder? Wahrlich nicht, ganz und gar nicht! Die Wahrheit ist, dass wir trotz unseres natürlichen Verlangens nach Erleichterung so unwissend sind, unser Urteilsvermögen so getrübt ist, dass wir (selbst wo ein geübtes Gewissen vorhanden ist) nicht wissen, was für eine Unterordnung unter Sein Wohlgefallen Gott verlangen könnte, oder wie Er diese Bedrängnisse für unser inneres Wohl gebrauchen kann. Folglich nennt Gott die Bitten der meisten, die Errettung von äußerlichen Strapazen suchen: »sie ... jammern«; denn »sie rufen nicht von Herzen« zu Ihm (Hosea 7,14). »Denn wer weiß, was für den Menschen gut ist im Leben ...?« (Prediger 6,12). Himmlische Weisheit ist nötig, um unsere zeitlichen Bedürfnisse so zu erkennen, dass wir sie zu einer Gebetssache gemäß den Absichten Gottes machen.

Vielleicht sollten zu dem, was eben gesagt wurde, einige Worte ergänzt werden. Für zeitliche Dinge *kann* schriftgemäß gebetet werden (Matthäus 6,11 etc.), doch mit folgender dreifacher Einschränkung:

1. *Beiläufig* und nicht hauptsächlich, denn dies sind nicht Dinge, mit denen sich Christen hauptsächlich befassen (Matthäus 6,33). Es sind himmlische und ewige Dinge (Kolosser 3,1), nach denen wir in erster Linie trachten sollten, da sie von weit größerer Bedeutung und weit größerem Wert als vorübergehende sind.
2. *Zweitrangig*, als Mittel zum Zweck. Wenn wir von Gott materielle Dinge begehren, dann sollten sie nicht dazu dienen, dass wir befriedigt werden, sondern als eine Hilfe dazu, Ihn besser erfreuen zu können.
3. *In Unterordnung*, nicht diktatorisch, denn dies wäre die Sünde der Anmaßung. Darüber hinaus wissen wir

> nicht, ob irgendeine zeitliche *Gnade* wirklich zu unserem größten Wohl beitragen würde, und deshalb müssen wir Gott die Entscheidung überlassen.

Wir haben sowohl innere Nöte als auch äußere. Einige von ihnen kann man im Licht des Gewissens erkennen, wie beispielsweise die Schuld und Befleckung der Sünde – von Sünden gegen das Licht der Natur und des klaren Buchstabens des Gesetzes. Dennoch ist die Erkenntnis, die wir selbst durch das Gewissen haben, so dunkel und undeutlich, dass wir ohne die Hilfe des Geistes in keiner Weise fähig sind, die wahre Quelle der Reinigung zu entdecken. Die Dinge, die Gläubige in erster Linie mit Gott in ihren Gebeten bearbeiten sollten, sind die innere Verfassung und geistliche Gesinnung ihres Herzens. Deshalb war David nicht damit zufrieden, alle bekannten Übertretungen und seine ursprüngliche Sünde zu bekennen (Psalm 51,2-6), und auch nicht mit einem so allgemeinen Bekenntnis, dass keiner seine Verfehlungen verstehen könnte, als er danach begehrte, von den »verborgenen« Sünden (Psalm 19,13) gereinigt zu werden; sondern er bat Gott auch, eine innere Durchforschung seines Herzens vorzunehmen, um herauszufinden, was in ihm verkehrt sei (Psalm 139,23-24); denn er wusste, dass Gott grundsätzlich nach »Wahrheit im Innersten« verlangt (Psalm 51,8). Dementsprechend sollten wir angesichts 1. Korinther 2,10-12 auf jeden Fall die Hilfe des Geistes suchen, damit wir für Gott annehmbar beten können.

WIR PROFITIEREN VON DER SCHRIFT, WENN UNS DER GEIST DEN RICHTIGEN ZWECK DES BETENS LEHRT

Gott hat die Verordnung des Gebets mit einer mindestens dreifachen Absicht festgelegt:

1. Damit der große, dreieinige Gott geehrt wird; denn Gebet ist eine Anbetungshandlung, ein Erweis von Ehrerbietung gegenüber dem Vater als dem Geber, im Namen des Sohnes, durch welchen allein wir uns Ihm nähern können, durch die bewegende und leitende Kraft des Heiligen Geistes.
2. Um unsere Herzen zu demütigen, denn Gebet ist dazu bestimmt, uns in die Position der Abhängigkeit zu bringen, um in uns einen Sinn für unsere Hilflosigkeit zu entwickeln, indem wir uns eingestehen, dass wir ohne den Herrn nichts tun können, und dass wir für alles, was wir sind und haben, Seiner Barmherzigkeit bedürftig sind. Doch wie wenig (wenn überhaupt) erkennen wir dies, bis sich der Geist unser annimmt, den Stolz von uns entfernt und Gott Seinen wahren Platz in unseren Herzen und Gedanken gibt.
3. Als ein Mittel oder einen Weg für uns, die guten Dinge, um die wir bitten, zu erhalten.

Es ist ernsthaft zu befürchten, dass einer der Hauptgründe, warum so viele unserer Gebete unbeantwortet bleiben, darin besteht, dass wir ein falsches und unwürdiges Ziel im Blickfeld haben. Unser Erlöser sagte: »Bittet, so wird euch gegeben« (Matthäus 7,7) – doch Jakobus behauptet von manchen: »Ihr bittet und bekommt es nicht, weil ihr in böser Absicht bittet, um es in euren Lüsten zu vergeuden« (Jakobus 4,3). Um irgendetwas zu bitten, aber nicht ausdrücklich zu dem Zweck, den Gott vorgesehen hat, heißt: »in böser Absicht zu bitten« und deshalb umsonst. Was für ein Vertrauen auf unsere eigene Weisheit und Rechtschaffenheit wir auch haben mögen – wenn wir uns selbst überlassen sind, werden unsere Ziele nie mit dem Willen Gottes übereinstimmen. Wenn der Geist das Fleisch in uns nicht bändigt, werden sich unsere eigenen natürlichen und ungemäßigten Neigungen mit unseren Gebeten vermischen, die folglich umsonst erbracht werden. »[W]as ihr auch tut, das tut alles zu Gottes Ehre« (1. Korinther 10,31) – doch nur der Geist kann uns dazu befähigen, alle unsere Wünsche Gottes Herrlichkeit unterzuordnen.

WIR PROFITIEREN VON DER SCHRIFT, WENN WIR GELEHRT WERDEN, WIE WIR GOTTES VERHEISSUNGEN GELTEND MACHEN

Gebet muss im Glauben dargebracht werden (Römer 10,14), sonst wird Gott es nicht hören. Nun bezieht sich der Glaube auf Gottes Verheißungen (Hebräer 4,1-2; Römer 4,21). Wenn wir also nicht verstehen, was Gott zu geben verspricht, können wir überhaupt nicht beten. Die Verheißungen Gottes enthalten den Gegenstand für das Gebet und legen die Maßregel davon fest. Für das, was Gott verheißen hat, für alles, was Er verheißen hat, und für nichts sonst, sollen wir beten. »Was verborgen ist, ist des HERRN, unseres Gottes« (5. Mose 29,28); doch die Bekanntmachung Seines Willens und die Offenbarung Seiner Gnade gehören uns und sind unsere Richtlinie. Es gibt nichts, das wir wirklich benötigen, von dem Gott nicht versprochen hat, es zu erfüllen – doch auf solche Weise und unter solchen Beschränkungen, wie es gut und nützlich für uns ist. So gibt es auch nichts, was Gott versprochen hat, was wir nicht benötigen würden oder mit dem wir uns nicht auf die eine oder andere Weise als Glieder des geheimnisvollen Leibes Christi beschäftigen müssten. Folglich sind wir umso besser für annehmbares Gebet ausgerüstet, je besser wir mit den göttlichen Verheißungen vertraut sind und je fähiger wir sind, die Güte, Gnade und Barmherzigkeit, die darin bereitet und damit beabsichtigt sind, zu verstehen.

Einige der Verheißungen Gottes sind mehr allgemein als spezifisch. Einige sind an Bedingungen geknüpft, andere nicht. Einige gehen in diesem Leben in Erfüllung, andere in der kommenden Welt. Wir sind auch nicht aus uns selbst heraus in der Lage zu erkennen, welche Verheißung am besten auf unseren speziellen Fall und die spezielle Notlage passt, um sie uns durch Glauben anzueignen oder sie vor Gott richtig geltend zu machen. Deshalb ist uns ausdrücklich gesagt: »Denn wer von den Menschen kennt die [Gedanken] des Menschen als nur der Geist des Menschen, der in ihm ist? So kennt auch niemand die [Gedanken] Gottes als nur der Geist Gottes. Wir aber haben nicht den Geist der Welt empfangen, sondern den Geist, der aus Gott ist, sodass wir wissen können, was uns von Gott geschenkt ist« (1. Korinther 2,11-12). Sollte jemand antworten: Wenn so viel erforderlich ist, um annehmbar zu beten, wenn wir Gott nicht mit viel weniger Mühe, als hier angedeutet wird, richtig anflehen können, so werden wenige diese Pflicht mit Ausdauer erfüllen – dann antworten wir, dass jemand, der so protestiert, nicht weiß, was es heißt zu beten, und auch nicht willig scheint, es zu lernen.

WIR PROFITIEREN VON DER SCHRIFT, WENN SIE IN UNS EINE VOLLSTÄNDIGE UNTERORDNUNG GOTT GEGENÜBER BEWIRKT

Wie oben dargelegt, ist eine der göttlichen Absichten bei der Aufforderung zum Gebet, dass wir gedemütigt werden sollen. Dies zeigt sich äußerlich, wenn wir unsere Knie vor dem Herrn beugen. Gebet ist ein Bekenntnis unserer Hilflosigkeit und ein Schauen auf Ihn, von dem all unsere Hilfe kommt. Es ist ein offenes Eingeständnis, dass Seine Versorgung all unsere Bedürfnisse erfüllt. Es bedeutet, unsere »Anliegen vor Gott kundwerden« (Philipper 4,6) zu lassen. Anliegen unterscheiden sich allerdings sehr von *Forderungen.* »Der Thron der Gnade ist nicht errichtet, damit wir kommen und dort vor Gott unseren Vorlieben freien Lauf lassen können« (Wm. Gurnall). Wir sollen zwar unsere Anliegen vor Gott ausbreiten, doch wir sollen es Seiner überlegenen Weisheit überlassen, wie damit umgegangen werden soll. Wir dürfen Gott nichts vorschreiben und auch nichts von Ihm »einfordern«, denn wir sind Bedürftige, die von Seiner bloßen Gnade abhängig sind. Bei allen unseren Gebeten müssen wir hinzufügen: »Doch nicht, was ich will, sondern was Du willst!« (Markus 14,36).

Aber darf der Glaube sich nicht auf Gottes Verheißungen berufen und eine Antwort erwarten? Sicherlich, doch es muss *Gottes* Antwort sein. Paulus ersuchte den Herrn dreimal darum, dass Er den Dorn aus seinem Fleisch entfernen möge; doch anstatt dies zu tun, gab der Herr ihm Gnade, ihn auszuhalten (2. Korinther 12,7 ff). Viele von Gottes Verheißungen sind eher allgemein gehalten als persönlich. Er hat Seiner Gemeinde Hirten, Lehrer und Evangelisten verheißen. Viele örtliche Gemeinschaften Seiner Heiligen mussten jedoch lange ohne sie auskommen. Einige von Gottes Verheißungen sind eher unbestimmt und allgemein als absolut und universal – wie zum Beispiel Epheser 6,2-3. Gott hat sich Selbst nicht verpflichtet, in Naturalien oder Bargeld zu geben, wenn Er uns gewährt, um was wir bitten, selbst wenn wir im Glauben bitten. Überdies behält Er sich *Selbst* das Recht vor, die richtige Zeit festzulegen, wann Er Seine Gnade gewährt. »Sucht den HERRN, alle ihr Demütigen im Land ... vielleicht werdet ihr Bergung finden am Tag des Zorns des HERRN!« (Zefanja 2,3). Eben weil es »vielleicht« Gottes Wille ist, mir eine vorübergehende Gnade zu gewähren, ist es meine Pflicht, mich auf Ihn zu werfen und darum zu bitten, jedoch in völliger Unterordnung dem gegenüber, wie es Ihm gefällt, es auszuführen.

WIR PROFITIEREN VON DER SCHRIFT, WENN UNS DAS GEBET ZU EINER WIRKLICHEN UND TIEFEN FREUDE WIRD

Das bloße »Dahersagen« unserer Gebete jeden Morgen und Abend ist eine verdrießliche Aufgabe, eine zu erfüllende Pflicht, die einen Seufzer der Erleichterung bewirkt, sobald sie getan ist. Doch wirklich in die bewusste Gegenwart Gottes zu kommen, das herrliche Licht Seines Angesichts anzuschauen, sich mit Ihm am Thron der Gnade zu besprechen, ist ein Vorgeschmack auf das ewige Glück, das uns im Himmel erwartet. Wer mit dieser Erfahrung gesegnet wird, spricht wie der Psalmist: »Mir ... ist die Nähe Gottes köstlich« (Psalm 73,28), ja, gut für das Herz, denn es wird beruhigt; gut für den Glauben, denn er wird gestärkt; gut für die Seele, denn sie wird gesegnet. Es ist der Mangel an dieser Gemeinschaft der Seele mit Gott, was die Grundursache für unsere unbeantworteten Gebete ist: »[H]abe deine Lust am HERRN, so wird Er dir geben, was dein Herz begehrt« (Psalm 37,4).

Was bringt durch die Gnade des Geistes diese Freude im Gebet hervor und fördert sie?

Erstens ist es die Freude des Herzens an Gott als dem Gegenstand des Gebets – insbesondere, dass wir Gott als *unseren Vater* erkennen und begreifen. Deshalb sagte der Herr Jesus, als Seine Jünger Ihn baten, sie das Beten zu lehren: »Deshalb sollt ihr auf diese Weise beten: Unser Vater, der Du bist im Himmel!« (Matthäus 6,9). Und wiederum: »Weil ihr nun Söhne seid, hat Gott den Geist Seines Sohnes in eure Herzen gesandt, der ruft: Abba, Vater!« (Galater 4,6), was eine kindliche, heilige Freude an Gott einschließt, so wie sie Kinder an ihren Eltern haben, wenn sie sie am liebevollsten anreden. Also wird uns in Epheser 2,18 zur Stärkung unseres Glaubens und zum Trost des Herzens noch einmal gesagt: »Denn durch Ihn haben wir beide den Zutritt zu dem Vater in *einem* Geist« Was für ein Frieden, welche Zuversicht, welche Freiheit das unserer Seele gibt: zu wissen, dass wir uns unserem Vater nahen!

Zweitens wird die Freude im Gebet dadurch gefördert, dass das Herz Gott als auf dem Thron der *Gnade* sitzend begreift und die Seele Ihn so sieht – eine Sicht oder Perspektive, nicht durch fleischliche Vorstellung hervorgerufen, sondern durch geistliche Erleuchtung; denn es geschieht durch Glauben, dass wir »den Unsichtbaren« sehen (Hebräer 11,27). Der Glaube ist »eine Überzeugung von Tatsachen, die man nicht sieht« (Hebräer 11,1). Der Gegenstand des Glaubens wird für diejenigen offenbar gemacht, die glauben. Eine solche Sicht von Gott auf solch einem »Thron« kann die Seele nur begeistern. Deshalb werden wir ermahnt: »So lasst uns nun mit Freimütigkeit hinzutreten zum Thron der Gnade, damit wir Barmherzigkeit erlangen und Gnade finden zu rechtzeitiger Hilfe!« (Hebräer 4,16).

Drittens werden, von der zuletzt zitierten Schriftstelle abgeleitet, Freiheit und Freude zum Gebet durch das Bewusstsein gefördert, dass Gott durch Jesus Christus willig und bereit ist, demütigen Sündern Gnade und Barmherzigkeit zu gewähren. Bei Ihm gibt es keinen Widerwillen, den wir überwinden müssten. Er ist mehr bereit zu geben, als wir bereit sind zu empfangen. So wird Er in Jesaja 30,18 dargestellt: »Darum wartet der HERR, damit Er euch begnadigen kann«. Ja, Er wartet darauf, gesucht zu werden; Er wartet darauf, dass wir durch Glauben Seine Bereitschaft zu segnen ergreifen. Sein Ohr ist immer offen für das Schreien der Gerechten. Dann »lasst uns hinzutreten mit wahrhaftigem Herzen, in völliger Gewissheit des Glaubens« (Hebräer 10,22). »Sorgt euch um nichts; sondern in allem lasst durch Gebet und Flehen mit Danksagung eure Anliegen vor Gott kundwerden. Und der Friede Gottes, der allen Verstand übersteigt, wird eure Herzen und eure Gedanken bewahren in Christus Jesus!« (Philipper 4,6-7).

5

DIE SCHRIFT UND GUTE WERKE

Die Wahrheit Gottes kann man gut mit einem schmalen Pfad vergleichen, der auf beiden Seiten an eine gefährliche und vernichtende Schlucht grenzt; anders gesagt: Sie liegt zwischen zwei Klüften des Irrtums. Dass dieses Bild angemessen ist, kann man daran erkennen, dass wir leicht geneigt sind, von einem Extrem ins andere zu schwanken. Nur der Heilige Geist kann uns befähigen, das Gleichgewicht zu behalten; nur Er kann uns vor Fehltritten bewahren, die unweigerlich zu einem Sturz in den Irrtum führen. Denn Irrtum ist weniger die Leugnung der Wahrheit als die Verdrehung der Wahrheit, das Entgegensetzen eines Teils von ihr gegen einen anderen.

Die Geschichte der Theologie veranschaulicht diese Tatsache auf überzeugende und ernste Weise. Die eine Generation rang zu Recht und aufrichtig um einen Aspekt der Wahrheit, der zu ihrer Zeit am meisten benötigt wurde. Doch anstatt darin zu wandeln und vorwärts zu gehen, stritt die nächste Generation auf intellektuelle Weise dafür als ein Kennzeichen *ihrer* Gruppierung. Gewöhnlich weigerten sie sich bei ihrer Verteidigung von dem, was angegriffen wurde, auf die ausgewogene Wahrheit zu hören, auf der ihre Gegner oft beharrten. Das Ergebnis war, dass sie ihren Sinn dafür verloren, die Dinge nüchtern zu betrachten, und das betonten, was sie aufgrund von *schriftgemäßen Maßgaben* glaubten. Folglich sahen sich treue Diener Gottes in der nächsten Generation dazu berufen, das, was in den Augen jener so wertvoll war, nahezu zu ignorieren, und sie betonten nun das, was jene fast aus den Augen verloren, wenn nicht sogar gänzlich verleugnet hatten.

T. Guthrie sagte 1867 einmal: »Lichtstrahlen, ob sie aus der Sonne, den Sternen oder einer Kerze hervorgehen, bewegen sich in perfekt geraden Linien. Unsere Werke sind denjenigen von Gott so unterlegen, dass die ruhigste Hand keine perfekt gerade Linie zeichnen kann. Auch ist der Mensch mit all seiner Geschicklichkeit nie in der Lage gewesen, ein Instrument zu erfinden, das imstande ist, etwas scheinbar so Einfaches zu tun.« Ob das so ist oder nicht – sicher ist, dass es für den Menschen, auf sich allein gestellt, immer unmöglich gewesen ist, die gerade Linie der Wahrheit zwischen zwei scheinbar widersprüchlichen Lehrmeinungen zu halten: wie zum Beispiel die Souveränität Gottes und die Verantwortung des Menschen; Erwählung durch Gnade und die allgemeine Verkündigung des Evangeliums; der rechtfertigende Glaube des Paulus und die rechtfertigenden Werke des Jakobus. Nur zu oft ist es so gewesen, dass dort, wo man auf der absoluten Souveränität Gottes bestand, die Verantwortlichkeit des Menschen ausgeklammert wurde, und da, wo man an bedingungsloser Erwählung festhielt, das freie Predigen des Evangeliums vor den Unerlösten vernachlässigt wurde. Auf der anderen Seite reduzierte oder ignorierte man da, wo menschliche Verantwortlichkeit hochgehalten und der evangelistische Dienst aufrecht erhalten wurde, im Allgemeinen völlig die Souveränität Gottes und die Wahrheit der Erwählung.

Viele von unseren Lesern können Beispiele bezeugen, welche die Wahrheit des oben Gesagten veranschaulichen;

doch wenige scheinen zu erkennen, dass man genau derselben Schwierigkeit begegnet, wenn der Versuch unternommen wird, die exakte Beziehung zwischen dem Glauben und den guten Werken zu zeigen. Wenn sich auf der einen Seite diejenigen geirrt haben, die den guten Werken eine Position zugeschrieben haben, welche die Schrift nicht rechtfertigt, dann kann man sicher sein, dass es auf der anderen Seite einige versäumt haben, den guten Werken die wichtige Stellung zukommen zu lassen, welche die Schrift ihnen zuweist. Wenn es auf der einen Seite ein gravierender Irrtum ist, unsere Rechtfertigung vor Gott auf irgendwelche unserer Leistungen zurückzuführen, sind auf der anderen Seite die ebenso schuldig, die leugnen, dass gute Werke *notwendig* sind, um den Himmel zu erreichen. Sie halten sie lediglich für Beweise oder Früchte unserer Rechtfertigung. – Uns ist wohl bewusst, dass wir uns jetzt (sagen wir es so) auf dünnem Eis bewegen und ein ernsthaftes Risiko eingehen, selbst der Irrlehre angeklagt zu werden. Nichtsdestotrotz halten wir es für ratsam, göttliche Hilfe zu suchen, um uns mit dieser Schwierigkeit auseinanderzusetzen und dann diese Fragen Gott Selbst anzuvertrauen.

In einigen Gegenden ist der Anspruch des Glaubens, auch wenn er nicht völlig geleugnet wird, wegen des Eifers um die Verherrlichung guter Werke herabgewürdigt worden. In anderen Kreisen, die als rechtgläubig bekannt sind (und diese meinen wir hier hauptsächlich), wird guten Werken nur zu selten ihr gebührender Platz zugeschrieben, und bekennende Christen werden viel zu selten mit apostolischem Ernst ermahnt, sie beizubehalten. Ohne Zweifel ist dies zuweilen auf die Angst zurückzuführen, dass der Glaube unterbewertet werde und Sünder in ihrem verhängnisvollen Irrtum ermutigt würden, lieber ihren eigenen Werken zu vertrauen, als der Gerechtigkeit Christi. Doch keine derartigen Befürchtungen sollten einen Prediger davon abhalten, »den gesamten Ratschluss

Gottes« zu verkünden. Wenn sein Thema Glaube an Christus als den Retter der Verlorenen ist, dann soll er diese Wahrheit ohne irgendwelche Abwandlungen darlegen und dieser Gnade den Platz einräumen, den ihr der Apostel in seiner Antwort gegenüber dem Kerkermeister von Philippi einräumte (Apostelgeschichte 16,31). Doch wenn sein Thema gute Werke sind, dann soll er nicht weniger treu darin sein, nichts von dem zurückzuhalten, was die Schrift darüber sagt. Er soll nicht das göttliche Gebot vergessen: »[I]ch will, dass du dies mit allem Nachdruck bekräftigst, damit die, welche an Gott gläubig wurden, darauf bedacht sind, eifrig gute Werke zu tun« (Titus 3,8).

Die zuletzt zitierte Schriftstelle passt am besten auf diese unsere Zeit der Liederlichkeit und Lässigkeit, der wertlosen Bekenntnisse und leeren Prahlerei. Den Ausdruck »gute Werke« findet man im Neuen Testament im Singular oder Plural nicht weniger als dreißig Mal. Doch aus der Seltenheit, mit der viele Prediger, die als gesund im Glauben angesehen werden, sie gebrauchen, betonen oder näher darauf eingehen, würden viele ihrer Zuhörer schließen, dass diese Worte nicht mehr als ein- oder zweimal in der ganzen Bibel vorkommen. Als Er zu den Juden über ein anderes Thema sprach, sagte der Herr: »Was nun Gott zusammengefügt hat, das soll der Mensch nicht scheiden« (Markus 10,9). In Epheser 2,8-10 lesen wir, dass Gott die zwei wichtigsten und am meisten gesegneten Dinge zusammengefügt hat, die in unserem Herzen und Sinn nie getrennt werden sollten, jedoch auf heutigen Kanzeln am häufigsten getrennt werden. Wie viele Predigten hört man über die ersten beiden dieser Verse, die so deutlich verkünden, dass Rettung aus Gnade durch Glauben geschieht und nicht aus Werken. Doch wie selten werden wir daran erinnert, dass der Satz, der mit Gnade und Glaube beginnt, erst in Vers 10 zu Ende geführt wird, wo uns gesagt wird: »Denn wir sind Seine Schöpfung, erschaffen in Christus

Jesus zu guten Werken, die Gott zuvor bereitet hat, damit wir in ihnen wandeln sollen.«

Wir haben diese Schriftreihe damit begonnen, aufzuzeigen, dass man das Wort aus verschiedenen Beweggründen heraus aufgreifen und mit unterschiedlichen Absichten lesen kann, doch dass 2. Timotheus 3,16-17 offen legt, zu was die Schrift wirklich »nützlich« ist, nämlich »zur Belehrung, zur Überführung, zur Zurechtweisung, zur Erziehung in der Gerechtigkeit«, und all das, »damit der Mensch Gottes ganz zubereitet sei, zu jedem guten Werk völlig ausgerüstet«. Nachdem wir näher auf die Lehre der Schrift über Gott und Christus, ihre Zurechtweisung und Korrektur bezüglich der Sünde und ihre Unterweisung in Verbindung mit Gebet eingegangen sind, werden wir jetzt betrachten, wie uns die Schrift zu »jedem guten Werk« ausrüstet. Hierin liegt ein weiteres bedeutsames Kriterium, durch welches eine aufrichtige Seele mit der Hilfe des Heiligen Geistes feststellen kann, ob ihr das Lesen und Studieren der Bibel wirklich Nutzen bringt oder nicht.

WIR PROFITIEREN VOM WORT, WENN ES UNS DEN RICHTIGEN PLATZ GUTER WERKE LEHRT

»In ihrem Eifer, ›Rechtgläubigkeit‹ als ihre Ordnung zu bekräftigen, sprechen viele Personen von Errettung durch Gnade und Glauben in solch einer Art, dass Heiligkeit und ein Gott hingegebenes Leben unterbewertet werden. Doch dafür gibt es in der Heiligen Schrift keine Grundlage. Das Evangelium verkündet einerseits die Errettung als frei durch die Gnade Gottes und durch Glauben an das Blut Christi und versichert uns aufs Nachdrücklichste, dass Sünder durch die Gerechtigkeit des Retters gerechtfertigt werden, die ihnen aufgrund ihres Glaubens an Ihn ohne irgendeinen Bezug auf

Gesetzeswerke zugerechnet wird. Es versichert uns aber auch, dass ohne Heiligung kein Mensch Gott sehen wird. Es zeigt uns, dass Gläubige durch das Blut des Sühnopfers Christi gereinigt werden; dass ihre Herzen durch Glauben gereinigt werden, der durch Liebe wirkt und die Welt überwindet. Diese Gnade, die den Menschen Rettung bringt, lehrt diejenigen, welche sie empfangen, auch, dass sie durch die Verleugnung von Gottlosigkeit und weltlichen Begierden nüchtern, rechtschaffen und fromm in dieser gegenwärtigen Welt leben sollen. Jegliche Angst, dass die energische Einschärfung guter Werke auf schriftgemäßer Grundlage die Glaubenslehre von der Gnade beeinträchtigen würde, verrät eine ungenügende und in hohem Maße mangelhafte Vertrautheit mit der göttlichen Wahrheit. Jedes Herumhantieren mit der Schrift, um ihr Zeugnis darüber, dass die Früchte der Gerechtigkeit in einem Christen *absolut notwendig* sind, zum Schweigen zu bringen, ist eine Verdrehung und Fälschung hinsichtlich des Wortes Gottes« (Alexander Carson).

Aber welchen Einfluss (so fragen manche) haben Gottes Gesetze oder das Gebot, gute Werke zu verrichten, wenn wir, obwohl wir in unserem eigenen eifrigen Bemühen zum Gehorsam versagen, durch die Zurechnung der Gerechtigkeit Christi gerechtfertigt und so ohne gute Werke gerettet werden können? Ein solch sinnloser Einwand erwächst aus einer völligen Unkenntnis über den vorhandenen Status des Gläubigen und seine Beziehung zu Gott. Anzunehmen, dass das Herz eines wiedergeborenen Christen durch die Autorität der Gebote Gottes weniger und nicht so wirksam zum Gehorsam bewegt wird, als wenn diese Gebote zu seiner Rechtfertigung gegeben worden wären, heißt sowohl die Bedeutung wahren Glaubens, als auch die Argumente und Beweggründe, durch die die Gesinnung eines Christen hauptsächlich bestimmt wird, zu ignorieren. Darüber hinaus bedeutet dies, die untrennbare

Verbindung, die Gott zwischen unserer Rechtfertigung und unserer Heiligung geschaffen hat, aus den Augen zu verlieren. Zu meinen, dass das eine ohne das andere existieren könne, bedeutet, das ganze Evangelium umzuwerfen. Der Apostel beschäftigt sich mit diesem Einwand in Römer 6,1-3.

WIR PROFITIEREN VOM WORT, WENN ES UNS DIE ABSOLUTE NOTWENDIGKEIT GUTER WERKE LEHRT

Wenn geschrieben steht, »ohne Blutvergießen geschieht keine Vergebung« (Hebräer 9,22) und »Ohne Glauben aber ist es unmöglich, Ihm wohlzugefallen« (Hebräer 11,6), so erklärt das Wort der Wahrheit auch: »Jagt nach dem Frieden mit jedermann und der Heiligung, ohne die niemand den Herrn sehen wird!« (Hebräer 12,14). Das Leben der Heiligen im Himmel ist nichts anderes als die Vervollkommnung und Vollendung des Lebens, das sie hier auf der Erde nach ihrer Wiedergeburt führten. Der Unterschied zwischen beiden besteht nicht in ihrer Art, sondern in ihrem Ausmaß. »Aber der Pfad des Gerechten ist wie der Glanz des Morgenlichts, das immer heller leuchtet bis zum vollen Tag« (Sprüche 4,18). Wenn man hier unten nicht mit Gott gewandelt ist, wird es dort oben kein Verweilen bei Gott geben. Wenn es hier in der Zeit keine echte Gemeinschaft mit Ihm gegeben hat, wird es in Ewigkeit keine mit Ihm geben. Der Tod bewirkt keine wesentliche Veränderung des Herzens. Natürlich werden von dem Heiligen bei seinem Tod die Restbestände an Sünde für immer zurückgelassen, doch dann wird ihm kein neuer Charakter gegeben. Wenn er dann nicht vor dem Tod die Sünde gehasst und Heiligkeit geliebt hat, wird er es mit Sicherheit auch nicht nach dem Tod tun.

Niemand wünscht sich wirklich, in die Hölle zu gehen, obwohl es allerdings wenige gibt, die bereit sind, die breite Straße zu verlassen, die unweigerlich dorthin führt. Alle würden gern in den Himmel kommen; doch sind die bekennenden Christen wirklich willens und entschlossen, den schmalen Pfad zu gehen, der allein dahin führt? Erkennen wir an *diesem* Punkt den klaren Stellenwert, den gute Werke in Verbindung mit Errettung haben? Gute Werke verdienen die Errettung nicht, dennoch sind sie von ihr nicht zu trennen. Mit ihnen erwirbt man sich keinen Rechtsanspruch auf den Himmel; dennoch gehören sie zu den Mitteln, die Gott bestimmt hat, damit Sein Volk dorthin kommt. In keinem Sinne sind gute Werke der Grund für den Erwerb des ewigen Lebens, doch sie sind ein Teil der Mittel (so wie es das Werk des Geistes in uns wie auch unsere Buße, unser Glaube und Gehorsam sind), die dazu förderlich sind. Gott hat den Weg bestimmt, auf dem wir gehen sollen, um in dem Erbe anzukommen, das Christus für uns erworben hat. Ein Leben täglichen Gehorsams gegenüber Gott ist das, was allein tatsächlichen *Zugang* zu dem Genuss der Dinge gewährt, die Christus für Sein Volk erworben hat – Zugang jetzt durch den Glauben, Zugang zu Ihm beim Tod oder Seiner Wiederkunft in Seiner vollen Wirklichkeit.

WIR PROFITIEREN VOM WORT, WENN UNS DADURCH DER ZWECK GUTER WERKE GELEHRT WIRD

Dies wird in Matthäus 5,16 eindeutig kundgetan: »So soll euer Licht leuchten vor den Leuten, dass sie eure guten Werke sehen und euren Vater im Himmel preisen.« Es verdient unsere Aufmerksamkeit, dass dieser Ausdruck hier zum ersten Mal vorkommt; und wie es allgemein der Fall ist, gibt die erste Erwähnung einer Sache in der Schrift im Folgenden ihren Anwendungsbereich und Gebrauch bekannt. Wir erfahren hier, dass die Jünger Christi ihr christliches Bekenntnis durch das stille, doch aussagekräftige Zeugnis ihres Lebens beweisen sollen (denn Licht erzeugt bei seinem Schein kein Geräusch), so dass die Menschen ihre guten Werke (und nicht das Prahlen darüber) sehen können, damit der Vater im Himmel verherrlicht werde. Hierin liegt also ihr grundlegender Zweck: die Ehre Gottes.

Da der Inhalt von Matthäus 5,16 allgemein so missverstanden und verdreht wird, fügen wir dem noch einige Gedanken an. Nur zu häufig werden die »guten Werke« mit dem »Licht« selbst verwechselt; sie sind jedoch durchaus verschieden, wenn auch untrennbar damit verbunden. Das »Licht« ist unser *Zeugnis* für Christus; doch welchen Wert hat es, wenn das Leben selbst nicht als Beispiel dafür dient? Die »guten Werke« dienen nicht dazu, die Aufmerksamkeit auf uns selbst zu lenken, sondern auf Ihn, der sie in uns gewirkt hat. Sie müssen von solcher Beschaffenheit und solchem Wert sein, dass selbst die Gottlosen wissen werden, dass sie von irgendeiner höheren Quelle als der gefallenen menschlichen Natur herrühren. Übernatürliche Frucht erfordert eine übernatürliche Wurzel, und wenn das erkannt wird, wird der Gärtner dadurch verherrlicht. Ebenso bedeutsam ist die *letzte* Erwähnung »guter Werke« in der Schrift: »[U]nd führt einen guten Wandel unter den Heiden, damit sie da, wo sie euch als Übeltäter verleumden, doch aufgrund der guten Werke, die sie gesehen haben, Gott preisen am Tag der Untersuchung!« (1. Petrus 2,12). Also unterstreichen der letzte und erste Hinweis auf gute Werke deren Zweck: Gott wegen Seiner Werke, die ER durch Sein Volk in dieser Welt wirkt, zu verherrlichen.

WIR PROFITIEREN VOM WORT, WENN UNS DADURCH DAS WAHRE WESEN GUTER WERKE GELEHRT WIRD

Dies ist etwas, worüber nicht-wiedergeborene Menschen in völliger Unwissenheit sind. Da sie Dinge rein äußerlich beurteilen und nur mit menschlichem Maßstab bewerten, sind sie völlig unfähig, zu ermitteln, welche Werke nach Gottes Erachten gut sind und welche nicht. Da sie annehmen, dass Gott das, was der Mensch für gute Werke hält, auch anerkennen werde, bleiben sie in der Finsternis ihres sündenverblendeten Verständnisses. Auch kann keiner sie von ihrem Irrtum überzeugen, bis der Heilige Geist sie zur Neuheit des Lebens erweckt und sie aus der Finsternis heraus in Gottes wunderbares Licht bringt. Dann wird sich herausstellen, dass nur das gute Werke sind, welche im Gehorsam gegenüber Gottes Willen getan werden (Römer 6,16), aus dem Grundsatz der Liebe zu Ihm heraus (Hebräer 10,24), im Namen von Christus (Kolosser 3,17) und zur Ehre Gottes durch Ihn (1. Korinther 10,31).

Der Herr Jesus diente als Beispiel für die wahre Beschaffenheit »guter Werke«. Alles was Er tat, geschah im Gehorsam gegenüber Seinem Vater. Er »hatte nicht an sich Selbst Gefallen« (Römer 15,3), sondern führte stets den Befehl Dessen aus, der Ihn gesandt hatte (Johannes 6,38). Er konnte sagen: »[D]enn Ich tue allezeit, was Ihm wohlgefällt« (Johannes 8,29). Der Unterwerfung von Christus gegenüber dem Willen des Vaters waren keine Grenzen gesetzt: Er »erniedrigte ... sich Selbst und wurde gehorsam bis zum Tod, ja, bis zum Tod am Kreuz« (Philipper 2,8). So entsprang auch alles, was Er tat, der Liebe zum Vater und der Liebe zu Seinem Nächsten. Liebe ist die Erfüllung des Gesetzes; ohne Liebe ist die Einhaltung des Gesetzes nichts als sklavische Unterwerfung, und das kann für Ihn, der Liebe ist, nicht annehmbar sein. Den Beleg dafür, dass aller Gehorsam Christi aus der Liebe herausfloss, findet man in Seinen Worten: »Deinen Willen zu tun, Mein Gott, begehre Ich« (Psalm 40,9). So geschah auch alles, was Christus tat, mit der Absicht, den Vater zu verherrlichen: »Vater, verherrliche Deinen Namen!« (Johannes 12,28) war beständig Sein Ziel.

WIR PROFITIEREN VOM WORT, WENN UNS DADURCH DIE WAHRE QUELLE GUTER WERKE GELEHRT WIRD

Nicht-erneuerte Menschen sind in der Lage, Werke zu vollbringen, die in natürlichem und moralischem Sinne, jedoch nicht im geistlichen Sinne, gut sind. Sie können Dinge tun, welche äußerlich bezüglich ihres Inhalts und Wesens gut sind, so wie das Lesen der Bibel, das Anhören der Wortverkündigung oder das Almosengeben für die Armen. Dennoch sind sie durch ihre sie dazu treibende Kraft, durch ihren Mangel an göttlichem Beweggrund, in der Sicht des dreimal heiligen Gottes schmutzige Lumpen. Nicht-erneuerte Menschen haben keine Kraft, Werke auf *geistliche* Weise zu vollbringen, und deshalb steht geschrieben: »[D]a ist keiner, der Gutes tut, da ist auch nicht *einer*!« (Römer 3,12). Sie sind dazu auch nicht in der Lage, »weil nämlich das Trachten des Fleisches Feindschaft gegen Gott ist; denn es unterwirft sich dem Gesetz Gottes nicht, und kann es auch nicht« (Römer 8,7). Folglich ist sogar das »Pflügen der Gottlosen ... Sünde« (Sprüche 21,4; KJV). Auch Gläubige sind nicht in der Lage, aus sich selbst einen guten Gedanken zu ersinnen oder ein gutes Werk zu vollbringen (2. Korinther 3,5). Es ist Gott, der in ihnen wirkt »sowohl das Wollen als auch das Vollbringen ... nach Seinem Wohlgefallen« (Philipper 2,13).

»Kann wohl ein Mohr seine Haut verwandeln, oder ein Leopard seine Flecken? Dann könnt ihr auch Gutes tun, die ihr gewohnt seid, Böses zu tun!« (Jeremia 13,23). Ebenso könnte ein Mensch erwarten, Trauben von Dornen und Feigen von Disteln zu ernten, wenn er glaubt, dass nicht-wiedergeborene Menschen gute Früchte hervorbringen oder gute Werke tun könnten. Wir müssen »in Christus Jesus zu guten Werken« erschaffen sein (Epheser 2,10) und Seinen Geist in uns haben (Galater 4,6) und Seine Gnade muss in unseren Herzen eingepflanzt sein (Epheser 4,7; 1. Korinther 15,10), bevor wir fähig sind, gute Werke zu vollbringen. Selbst dann können wir getrennt von Ihm nichts tun (Johannes 15,5). Oft haben wir den Willen, zu tun, was gut ist; doch das Vollbringen gelingt uns nicht (Römer 7,18). Dies bringt uns auf unsere Knie, und wir bitten Gott, uns »zu jedem guten Werk« völlig auszurüsten, indem Er in uns »das wirkt, was vor Ihm wohlgefällig ist, durch Christus Jesus« (Hebräer 13,21). So werden wir von unserer Unabhängigkeit befreit und dahin gebracht, zu erkennen, dass alle unsere Quellen in Gott sind (Psalm 87,7), und so entdecken wir, dass wir alle Dinge tun können durch Christus, der uns stark macht (Philipper 4,13).

WIR PROFITIEREN VOM WORT, WENN UNS DADURCH DIE HOHE WICHTIGKEIT GUTER WERKE GELEHRT WIRD

Um es so kurz wie möglich zusammenzufassen: Die »guten Werke« sind von hoher Wichtigkeit, weil durch sie Gott verherrlicht wird (Matthäus 5,16); durch sie wird denen der Mund verschlossen, die gegen uns reden (1. Petrus 2,12); durch sie beweisen wir die Echtheit unseres Glaubensbekenntnisses (Jakobus 2,13-17). Es ist äußerst ratsam, dass wir »der Lehre Gottes, unseres Retters, in jeder Hinsicht Ehre machen« (Titus 2,10). Nichts bringt Christus mehr Ehre ein, als dass die, welche Seinen Namen tragen, so vorgefunden werden, dass sie beständig (durch Seine Befähigung) auf eine Weise *leben*, die Christus und dem Geist entspricht. Es war nicht ohne Grund, dass derselbe Geist, der den Apostel veranlasste, seine Aussage über das Kommen Christi in diese Welt, um die Sünder zu retten, einzuleiten mit: »Glaubwürdig ist das Wort ...« (1. Timotheus 1,15), ihn auch dazu bewegte, zu schreiben: »Glaubwürdig ist das Wort, und ich will, dass du dies mit allem Nachdruck bekräftigst, damit die, welche an

Gott gläubig wurden, darauf bedacht sind, eifrig gute Werke zu tun« (Titus 3, 8). Mögen wir wahrhaftig »eifrig [sein], gute Werke zu tun« (Titus 2,14).

WIR PROFITIEREN VOM WORT, WENN UNS DADURCH DIE WAHRE TRAGWEITE GUTER WERKE GELEHRT WIRD

Dies ist so allumfassend, dass es die Erfüllung unserer Pflichten in jeder Beziehung einschließt, in die Gott uns gestellt hat. Es ist interessant und lehrreich, die erste als »gutes Werk« bezeichnete Tat in der Heiligen Schrift zu beachten, nämlich die Salbung des Retters durch Maria von Bethanien (Matthäus 26,10; Markus 14,6). Gleichgültig gegenüber dem Vorwurf oder Lob von Menschen, mit Augen nur für Den, der »hervorragend unter Zehntausenden« ist (Hohelied 5,10), überschüttete sie Ihn mit ihrem kostbaren Salböl. Eine andere Frau, Tabitha (Apostelgeschichte 9,36), wird ebenfalls als »reich an guten Werken« erwähnt. Nach der Anbetung kommt der Dienst, der Gott unter den Menschen verherrlicht und anderen Gutes tut.

»[D]amit ihr des Herrn würdig wandelt und Ihm in allem wohlgefällig seid: in jedem guten Werk fruchtbar« (Kolosser 1,10). Das Erziehen bzw. Heranziehen (nicht »Heranzerren«!) von Kindern, das Beherbergen von (geistlichen) Fremdlingen, das Waschen der Füße der »Heiligen« (sich um ihr irdisches Wohlergehen zu kümmern) und das Verschaffen von Erleichterung für Geplagte werden als »gute Werke« bezeichnet. Wenn uns unser Lesen und Studieren der Schrift nicht zu besseren Kämpfern von Jesus Christus macht, zu besseren Bürgern des Landes, in dem wir leben, zu besseren Familiengliedern in unserem irdischen Zuhause (gütiger, sanftmütiger, selbstloser), »zu jedem guten Werk völlig ausgerüstet« (2. Timotheus 3,17), dann bringt es uns nur wenig oder gar keinen Gewinn.

6

DIE SCHRIFT UND DER GEHORSAM

Alle bekennenden Christen stimmen zumindest in der Theorie darin überein, dass die, welche Seinen Namen tragen, die Pflicht haben, Christus in dieser Welt zu ehren und zu verherrlichen. Doch hinsichtlich dessen, *wie* das getan werden soll und was Er dazu von uns verlangt, gehen die Meinungen weit auseinander. Viele nehmen an, dass Christus zu ehren einfach bedeutet, irgendeiner »Gemeinde« beizutreten, an deren verschiedenen Veranstaltungen teilzunehmen und diese zu unterstützen. Andere denken, dass Christus zu ehren bedeutet, anderen von Ihm zu erzählen und eifrig mit »persönlichen Werken« beschäftigt zu sein. Andere stellen sich anscheinend vor, dass Christus zu ehren kaum mehr bedeute, als für Seine Sache großzügige Geldspenden zu leisten. Tatsächlich erkennen wenige, dass Christus nur geehrt wird, wenn wir vor Ihm *heilig leben,* und zwar, indem wir in Unterordnung Seinem offenbarten Willen gegenüber wandeln. In der Tat glauben wenige dem Wort: »Siehe, Gehorsam ist besser als Schlachtopfer und Folgsamkeit besser als das Fett von Widdern« (1. Samuel 15,22).

Wir sind überhaupt keine Christen, sofern wir nicht »Christus Jesus, den Herrn, angenommen« (Kolosser 2,6) und uns Ihm völlig übergeben haben. Diese Aussage sollten Sie sorgfältig bedenken. Satan täuscht heute viele Menschen, indem er sie dahingehend verleitet, anzunehmen, dass sie sicher auf das »vollkommene Werk« Christi vertrauen könnten, obwohl ihre Herzen unverändert bleiben und sie in ihrem Leben noch selbst regieren. Hören Sie auf Gottes Wort: »Das Heil ist fern von den Gottlosen; denn sie fragen nicht nach Deinen Satzungen« (Psalm 119,155). Suchen Sie wirklich Seine »Satzungen«? Suchen Sie sorgfältig in Seinem Wort, um herauszufinden, was Er geboten hat? »Wer sagt: ›Ich habe Ihn erkannt‹, und hält doch Seine Gebote nicht, der ist ein Lügner, und in einem solchen ist die Wahrheit nicht« (1. Johannes 2,4). Was könnte deutlicher als das sein?

»Was nennt ihr Mich aber: ›Herr, Herr‹ und tut nicht, was Ich sage?« (Lukas 6,46). Gehorsam im Leben dem Herrn gegenüber, nicht nur enthusiastische Worte auf unseren Lippen, ist das, was Christus verlangt. Was für ein eindringliches und ernstes Wort lesen wir in Jakobus 1,22: »Seid aber Täter des Wortes und nicht bloß Hörer, die sich selbst betrügen!« Es gibt viele »Hörer« des Wortes, regelmäßige Hörer, ehrfürchtige Hörer, interessierte Hörer. Doch leider wird das, was sie hören, nicht in ihr Leben eingebunden. Es bestimmt ihren Wandel nicht. Und *Gott* sagt, dass die, welche nicht *Täter* des Wortes sind, sich selbst betrügen!

Leider gibt es davon in der heutigen Christenheit viele! Sie sind keine absoluten Heuchler, aber getäuscht. Sie nehmen an, dass sie, weil sie sich so sicher über ihre Rettung sind, durch Gnade allein gerettet seien. Sie meinen, dass sie, weil sie die Gottesdienste eines Mannes besuchen, der ihnen die Bibel »zu einem neuen Buch« gemacht hat, in der Gnade gewachsen seien. Sie nehmen an, dass sie geistlicher geworden seien, weil ihr Bestand an Bibelwissen gewachsen ist. Sie meinen auch, dass sie sich vom Wort *ernähren*, indem sie einem

Diener Gottes lediglich zuhören oder seine Schriften lesen. Doch das ist ganz und gar nicht der Fall! Wir »ernähren« uns nur dann vom Wort, wenn wir uns das, was wir hören oder lesen, aneignen, es kauen und *in unser Leben einverleiben*. Wo es keine zunehmende Übereinstimmung des Herzens und Lebens mit dem Wort Gottes gibt, wird vermehrtes Wissen nur vermehrte Verdammnis bewirken. »Der Knecht aber, der den Willen seines Herrn kannte und sich nicht bereithielt und auch nicht nach Seinem Willen tat, wird viele Schläge erleiden müssen« (Lukas 12,47).

»[I]mmerzu lernen und doch nie zur Erkenntnis der Wahrheit kommen können« (2. Timotheus 3,7), das ist eines der hervorstechendsten Merkmale der »schlimmen Zeiten« (2. Timotheus 3,1), in denen wir jetzt leben. Die Leute hören einen Prediger nach dem anderen, besuchen diese und jene Konferenz, lesen ein Buch nach dem anderen über biblische Themen und erlangen doch niemals eine lebendige und praktische Vertrautheit mit der Wahrheit, so dass sie einen Eindruck von ihrer Macht und Wirkungskraft auf die Seele bekämen. Es gibt so etwas wie geistliche *Wassersucht*, und viele leiden darunter. Je mehr sie hören, desto mehr wollen sie hören; sie saugen Predigten und Ansprachen begierig auf, doch ihr Leben bleibt unverändert. Sie sind aufgeblasen mit ihrem Wissen, sind nicht vor Gott in den Staub gedemütigt. Der Glaube von Gottes Auserwählten ist »gemäß ... der Erkenntnis der Wahrheit, die der Gottesfurcht entspricht« (Titus 1,1). Doch dies ist der überwiegenden Mehrheit völlig fremd.

Gott hat uns Sein Wort nicht nur mit der Absicht gegeben, uns zu unterweisen, sondern zu dem Zweck, uns zu *leiten* – uns bekannt zu machen, was Er von uns zu *tun* verlangt. Das erste, was wir benötigen, ist eine klare und deutliche *Erkenntnis* unserer Pflicht; und das erste, was Gott von uns fordert, ist eine gewissenhafte *Anwendung* derselben gemäß unserer Erkenntnis. »Was anders [fordert der HERR von dir] als Recht tun, Liebe üben und demütig wandeln mit deinem Gott?« (Micha 6,8). »Lasst uns die Summe aller Lehre hören: Fürchte Gott und halte Seine Gebote; denn das macht den ganzen Menschen aus« (Prediger 12,13). Der Herr Jesus bekräftige dasselbe, als Er sagte: »*Ihr* seid Meine Freunde, wenn ihr tut, was immer Ich euch gebiete« (Johannes 15,14).

EINE PERSON PROFITIERT VOM WORT, WENN SIE GOTTES FORDERUNGEN AN SIE ENTDECKT - SEINE UNUMSTÖSSLICHEN FORDERUNGEN, DENN ER VERÄNDERT SICH NICHT

Es ist ein großer und schmerzlicher Fehler, anzunehmen, dass Gott im gegenwärtigen Zeitalter Seine Forderungen *herabgesetzt* habe; denn das würde zwangsläufig bedeuten, dass Seine vorherigen Forderungen hart und ungerecht gewesen seien. Nein! »So ist nun das Gesetz heilig, und das Gebot ist heilig, gerecht und gut« (Römer 7,12). Die Summe der Forderungen Gottes ist: »Und du sollst den HERRN, deinen Gott, lieben mit deinem ganzen Herzen und mit deiner ganzen Seele und mit deiner ganzen Kraft« (5. Mose 6,5). Jesus hat dies in Matthäus 22,37 wiederholt. Der Apostel Paulus verlieh diesem Gebot Nachdruck, als er schrieb: »Wenn jemand den Herrn Jesus Christus nicht liebt, der sei verflucht! Maranatha!« (1. Korinther 16,22).

EINE PERSON PROFITIERT VOM WORT, WENN SIE ENTDECKT, WIE GÄNZLICH UND SÜNDHAFT SIE DARIN VERSAGT HAT, GOTTES FORDERUNGEN ZU ERFÜLLEN

Zum Nutzen derer, die gegen den letzten Abschnitt Widerspruch erheben könnten, wollen wir betonen, dass kein

Mensch erkennen kann, was für ein Sünder er ist, wie unendlich er sich darin verfehlt, Gottes Standard zu entsprechen, solange er keine klare Sicht von Gottes erhabenen Forderungen ihm gegenüber hat! Genau in dem Maße, wie Prediger Gottes Standard von dem herabsetzen, was Er von jedem Menschen fordert, werden ihre Zuhörer eine mangelhafte und falsche Auffassung von ihrer Sündhaftigkeit erlangen, und umso weniger werden sie erkennen, wie sehr sie einen allmächtigen Erlöser nötig haben. Doch wenn ein Mensch erst einmal wirklich erkennt, was Gott von ihm fordert und wie vollständig und fortwährend er darin versagt hat, Ihm zu erweisen, was Ihm rechtmäßig zusteht, dann erkennt er, in welch verzweifelter Lage er sich befindet. Das Gesetz muss gepredigt werden, bevor irgendjemand zur Aufnahme des Evangeliums bereit ist.

EIN MENSCH PROFITIERT VOM WORT, WENN ER DADURCH GELEHRT WIRD, DASS GOTT IN SEINER UNENDLICHEN GNADE VOLLSTÄNDIG DAFÜR GESORGT HAT, DASS SEIN VOLK SEINE EIGENEN FORDERUNGEN ERFÜLLEN KANN

Auch in diesem Punkt sind viele gegenwärtigen Predigten mangelhaft. Es werden Dinge geäußert, die man grob gesprochen als »Halb-Evangelium« bezeichnen könnte, doch die in Wirklichkeit faktisch *eine Verleugnung* des wahren Evangeliums sind. Christus wird verkündigt, doch nur als eine Art Lückenbüßer. Dass Christus stellvertretend jede Forderung Gottes gegenüber denen, die an Ihn glauben, erfüllt hat, ist gottlob! wahr, doch dies ist nur ein Teil der Wahrheit. Der Herr Jesus hat nicht nur stellvertretend für Sein Volk die Anforderungen von Gottes Gerechtigkeit erfüllt, sondern Er hat auch sichergestellt, dass *sie* diese auch *persönlich* erfüllen werden. Christus hat den Heiligen Geist bereitgestellt, damit Er in ihnen das vollende, was der Erlöser für sie gewirkt hat.

Das große und herrliche Wunder der Errettung ist, dass die Geretteten *erneuert* werden. Ein Werk der Verwandlung wird in ihnen bewirkt. Ihr Verstand wird erleuchtet, ihre Herzen verändert, ihr Wille erneuert. Sie werden zu einer neuen Schöpfung in Christus Jesus (2. Korinther 5,17). Gott bezieht sich auf dieses Werk der Gnade folgendermaßen: »Ich will ihnen meine Gesetze in den Sinn geben und sie in ihre Herzen schreiben« (Hebräer 8,10). Das Herz ist nun Gottes Gesetz zugeneigt: Eine Gesinnung ist ihm vermittelt worden, die auf seine Forderungen *reagiert;* es besteht ein aufrichtiges Verlangen, sie auszuführen. Und folglich ist die neubelebte Seele in der Lage zu sagen: »Mein Herz hält Dir vor Dein Wort: ›Sucht Mein Angesicht!‹ Dein Angesicht, o HERR, will ich suchen« (Psalm 27,8).

Christus hat nicht nur vollkommenen Gehorsam dem Gesetz gegenüber erbracht, um Sein glaubendes Volk zu rechtfertigen, sondern Er hat Seinem Volk auch Seinen Geist bereitgestellt, der für ihre Heiligung notwendig ist und der allein in der Lage ist, fleischliche Kreaturen zu verwandeln und zu befähigen, Gott gegenüber annehmbaren Gehorsam zu erweisen. Obwohl Christus »für Gottlose gestorben« (Römer 5,6) ist, und obwohl Er sie als Gottlose *vorfindet* (Römer 4,5), wenn Er sie rechtfertigen will, *belässt Er sie doch nicht* in diesem furchtbaren Zustand. Im Gegenteil – Er lehrt sie durch Seinen Geist auf wirksame Weise, »die Gottlosigkeit und die weltlichen Begierden [zu] *verleugnen*« (Titus 2,12). Genauso wie man das Gewicht nicht von einem Stein trennen kann oder die Hitze vom Feuer, so kann man auch nicht Rechtfertigung von der Heiligung trennen.

Wenn Gott einen Sünder im Gerichtssaal seines Gewissens wirklich begnadigt, so wird unter dem Empfinden der staunenswerten Gnade das Herz gereinigt, das Leben verwandelt und der ganze Mensch geheiligt. Christus hat »sich Selbst für uns hingegeben ..., um uns von aller Gesetzlosigkeit zu erlösen und für sich Selbst ein Volk zum besonderen Eigentum zu reinigen, das *[nicht »nachlässig«, sondern]* eifrig ist, gute Werke zu tun« (Titus 2,14; kursiv gedruckte Wörter in Klammern sind Ergänzung des Autors). Genauso wie eine Substanz und ihre Eigenschaften und Bestandteile und deren unumgängliche Auswirkungen untrennbar miteinander verbunden sind, so sind es auch ein rettender Glaube *und* ein gewissenhafter Gehorsam gegenüber Gott. Folglich lesen wir auch von dem »Glaubensgehorsam« (Römer 16,26).

Der Herr Jesus sagte: » Wer Meine Gebote festhält und sie befolgt, der ist es, der Mich liebt« (Johannes 14,21). Weder im Alten Testament, noch in den Evangelien oder den Briefen gesteht Gott irgendjemandem zu, dass er Ihn liebe, außer demjenigen, der Seine Gebote hält. Liebe ist einiges mehr als eine Stimmung oder ein Gefühl; sie ist ein Prinzip des Tuns, und sie äußert sich in mehr als honigsüßen Bekundungen, nämlich durch Taten, die dem Objekt der Liebe gefallen. »Denn das ist die Liebe zu Gott, dass wir Seine Gebote halten« (1. Johannes 5,3). Ach, lieber Leser, Sie täuschen sich selbst, wenn Sie denken, dass Sie Gott lieben, und trotzdem kein tiefes Verlangen danach haben und keine wirkliche Anstrengung unternehmen, im Gehorsam Ihm gegenüber zu wandeln.

Doch was ist Gehorsam gegenüber Gott? Es ist weit mehr als eine mechanische Ausführung bestimmter Pflichten. Vielleicht bin ich von christlichen Eltern aufgezogen worden und habe von ihnen bestimmte moralische Gewohnheiten übernommen. Dennoch mag es kein Gehorsam gegenüber dem dritten und achten Gebot sein, wenn ich mich enthalten habe, den Namen des Herrn zu missbrauchen, und mich des Stehlens nicht schuldig gemacht habe. Nochmals: Gehorsam gegenüber Gott ist weit mehr, als mich dem Verhalten Seines Volkes anzupassen. Ich mag bei einer Familie als Untermieter wohnen, wo das Sabbatgebot streng eingehalten wird, und mag aus Respekt diesen Leuten gegenüber oder weil ich denke, dass dies eine gute und weise Sache ist, an einem von sieben Tagen zu ruhen, von aller unnötigen Arbeit an diesem Tag Abstand nehmen – und doch halte ich dadurch das vierte Gebot überhaupt nicht! Gehorsam ist nicht nur eine Unterwerfung einem äußerlichen Gesetz gegenüber, sondern es ist die Übergabe meines Willens an die Autorität eines anderen. Folglich ist Gehorsam gegenüber Gott, dass das Herz Seine Herrschaft anerkennt: Sein Recht, zu gebieten, und meine Pflicht, zu gehorchen. Gehorsam ist die vollständige Unterwerfung der Seele gegenüber dem gesegneten Joch Christi.

Der Gehorsam, den Gott fordert, kann nur aus einem Herzen hervorgehen, das Ihn *liebt*. »Alles, was ihr tut, das tut von Herzen, als für den Herrn« (Kolosser 3,23). Gehorsam, der von einer Angst vor Strafe herrührt, ist sklavisch. Gehorsam, der erwiesen wird, um von Gott Gefälligkeiten zu erwerben, ist selbstsüchtig und fleischlich. Doch geistlicher und annehmbarer Gehorsam wird mit Freuden geleistet: Er ist die freie Reaktion des Herzens auf die unverdiente Beachtung und Liebe Gottes uns gegenüber und die Dankbarkeit dafür.

WIR PROFITIEREN VOM WORT, WENN WIR NICHT NUR ERKENNEN, DASS ES UNSERE PFLICHT IST, GOTT ZU GEHORCHEN, SONDERN WENN IN UNS EINE LIEBE ZU SEINEN GEBOTEN BEWIRKT WIRD

»Wohl dem, der ... seine Lust hat am Gesetz des HERRN« (Psalm 1,1-2). Und nochmals lesen wir: »Wohl dem, der den HERRN fürchtet, der große Freude hat an Seinen Geboten!« (Psalm 112,1). Es bedeutet für unser Herz eine echte Prüfung, folgenden Fragen ehrlich gegenüberzutreten: Schätze ich Seine »Gebote« wirklich so sehr wie Seine *Verheißungen?* Sollte das nicht so sein? Gewiss doch, denn das eine geht so wahrhaftig aus *Seiner Liebe* hervor wie das andere. Die Bereitschaft des Herzens, der Stimme Christi zu folgen, ist das Fundament aller praktischen Heiligkeit.

An dieser Stelle wollen wir den Leser wieder ernsthaft und liebevoll bitten, sich mit diesem Detail genau zu befassen. Jeder Mensch, der annimmt, dass er gerettet sei, und doch keine echte Liebe zu Gottes Geboten hat, täuscht sich selbst. Der Psalmist sagte: »Wie habe ich Dein Gesetz so lieb!« (Psalm 119,97). Und nochmals: »Darum liebe ich Deine Gebote mehr als Gold und feines Gold« (Psalm 119,127). Sollte jemand einwenden, dass *das* im *Alten* Testament war, dann fragen wir: Meinst du etwa, dass der Heilige Geist bei denen, die Er heute erneuert, eine geringere Veränderung des Herzens bewirke, als Er es bei denen von einst tat? Und ein Heiliger des Neuen Testaments schrieb auch: »Denn ich habe Lust an dem Gesetz Gottes nach dem inneren Menschen« (Römer 7,22). Und, lieber Leser, wenn Ihr Herz sich nicht am »Gesetz Gottes« erfreut, dann stimmt mit Ihnen grundlegend etwas nicht; ja, es ist sehr zu befürchten, dass Sie geistlich tot sind.

EIN MENSCH PROFITIERT VOM WORT, WENN ER SEIN HERZ UND SEINEN WILLEN GEGENÜBER ALLEN GEBOTEN GOTTES BEUGT

Ein teilweiser Gehorsam ist überhaupt kein Gehorsam. Eine heilige Gesinnung lehnt alles ab, was Gott verbietet, und erwählt, all das zu praktizieren, was Er fordert, ohne irgendeine Ausnahme. Wenn unser Sinn sich Gott nicht in allen Seinen Geboten unterordnet, dann ordnen wir uns *Seiner* Autorität in keinem davon unter, was Er vorschreibt. Wenn wir unsere

Pflicht nicht in ihrem *vollen* Ausmaß bejahen, dann sind wir sehr im Irrtum, wenn wir uns vorstellen, dass wir irgendeine Art *Gefallen* an *irgendeinem* Teil davon haben. Eine Person, die nicht den Grundsatz der Heiligkeit in sich hat, mag trotzdem allerlei Lastern abgeneigt sein und mit Freuden viele Tugenden praktizieren, wenn sie erkennt, dass das erstere untaugliche Handlungen und das letztere in sich selbst schickliche Handlungen sind. Doch ihre Missbilligung von Lastern und ihre Billigung von Tugend entspringen nicht aus einer Gesinnung heraus, *sich dem Willen Gottes unterzuordnen.*

Wahrer geistlicher Gehorsam ist nicht teilbar. Ein erneuertes Herz wählt und pickt sich nichts von Gottes Geboten heraus; der Mensch, der das tut, führt nicht *Gottes* Willen aus, sondern seinen eigenen. Machen Sie bezüglich dieses Punktes keinen Fehler! Wenn wir es nicht aufrichtig begehren, Gott in *allen* Dingen zu erfreuen, dann wünschen wir uns nicht wirklich, es überhaupt in irgendetwas zu tun. Das Ich muss verleugnet werden – nicht bloß ein paar Dinge, die man anstrebt, sondern das Ich selbst! Eine willentliche Billigung *irgendeiner* bekannten Sünde bricht das ganze Gesetz (Jakobus 2,10-11). »Dann werde ich nicht zuschanden, wenn ich auf alle Deine Gebote achte« (Psalm 119,6). Der Herr Jesus sagte: »*Ihr* seid Meine Freunde, wenn ihr tut, was immer Ich euch gebiete« (Johannes 15,14). Wenn ich nicht Sein Freund bin, dann muss ich Sein *Feind* sein, denn es gibt keine andere Alternative – siehe Lukas 19,27.

WIR PROFITIEREN VOM WORT, WENN DIE SEELE BEWEGT WIRD, AUFRICHTIG UM BEFÄHIGENDE GNADE ZU BETEN

Bei der Wiedergeburt gibt der Heilige Geist eine neue Natur, die für den Gehorsam gemäß Gottes Wort geeignet ist. Das Herz ist von Gott gewonnen worden. Jetzt gibt es ein tiefes und aufrichtiges Verlangen, Ihn zu erfreuen. Doch die neue Natur besitzt keine innewohnende Kraft; die alte Natur oder das »Fleisch« streitet gegen sie, und der Teufel stellt sich ihr entgegen. Also ruft ein Christ aus: »[D]as Wollen ist zwar bei mir vorhanden, aber das Vollbringen des Guten gelingt mir nicht« (Römer 7,18). Dies bedeutet nicht, dass er ein Sklave der Sünde sei, wie er es vor der Bekehrung war; sondern es bedeutet, dass er nicht weiß, wie er seine geistlichen Bestrebungen *vollständig* verwirklichen kann. Deshalb betet er: »Lass mich wandeln auf dem Pfad Deiner Gebote, denn ich habe Lust an ihm« (Psalm 119,35). Und wiederum: »Mache meine Schritte fest durch Dein Wort, und lass nichts Böses über mich herrschen!« (Psalm 119,133).

Wir möchten an dieser Stelle auf eine Frage antworten, welche durch die oben gemachten Aussagen bei vielen möglicherweise aufgekommen ist: Behaupten Sie, dass Gott von uns vollkommenen Gehorsam in diesem Leben fordert? Wir antworten: Ja! Gott wird uns keinen niedrigeren Maßstab vorsetzen als diesen (vgl. 1. Petrus 1,15). Wird der echte Christ diesem Standard überhaupt gewachsen sein? Ja und nein! Ja – in seinem Herzen, wobei es *das Herz* ist, das Gott anschaut (1. Samuel 16,7). In ihrem Herzen hat jede wiedergeborene Person eine echte Liebe zu Gottes Geboten und *begehrt* es aufrichtig, sie alle vollständig einzuhalten. In *diesem* Sinne, und zwar diesem allein, ist der Christ auf der Ebene der Erfahrung »vollkommen«. Das Wort »vollkommen« bedeutet sowohl im Alten Testament (Hiob 1,1 und Psalm 37,37) als auch im Neuen Testament (Philipper 3,15; Lu. 1912) »rechtschaffen« und »aufrichtig«, im Gegensatz zu »heuchlerisch«.

»Das Verlangen der Elenden hast Du, o HERR, gehört« (Psalm 10,17). Die »Wünsche« des Heiligen sind die Sprache seiner Seele, und die Verheißung ist: »Er erfüllt das Begehren derer, die Ihn fürchten« (Psalm 145,19). Das Verlangen eines

Christen ist es, Gott in allen Dingen zu gehorchen und vollständig dem Bild Christi zu entsprechen. Doch dies wird erst in der Auferstehung verwirklicht werden. Inzwischen akzeptiert Gott um Christi willen gnädigerweise den Willen zur Tat (1. Petrus 2,5). Er kennt unsere Herzen und sieht in Seinen Kindern eine echte Liebe und ein aufrichtiges Verlangen, alle Seine Gebote zu halten, und Er akzeptiert das sehnliche Verlangen und das aufrichtige Bemühen an Stelle einer exakten Ausführung (2. Korinther 8,12). Doch sollte niemand, der willentlich in Ungehorsam lebt, einen falschen Frieden daraus ziehen und zu seinem eigenen Verderben das verdrehen, was eben zum Trost derer gesagt wurde, die von Herzen den Wunsch *haben*, Gott in allen Einzelheiten ihres Lebens zu gefallen.

Sollte jemand fragen: wie kann ich wissen, dass meine »Wünsche« wirklich aus einer erneuerten Seele stammen? Wir antworten: Rettende Gnade bedeutet, dass dem Herzen eine ständige *Bereitschaft* gegeben wird, das zu tun, was heilig ist. Die »Wünsche« des Lesers sollten mit folgenden Fragen geprüft werden: Sind sie gleichbleibend und beständig, oder treten sie nur dann und wann auf? Sind sie ernsthaft und aufrichtig, so dass Sie wirklich »nach der Gerechtigkeit hungern und dürsten« (Matthäus 5,6) und nach Gott »lechzen« (Psalm 42,2)? Sind sie tätig und wirksam? Viele wünschen sich, der Hölle zu entkommen; doch ihr Verlangen ist nicht stark genug, sie dazu zu bringen, das zu hassen und sich von ihm abzuwenden, was sie unweigerlich in die Hölle bringen wird, nämlich willentliches Sündigen gegen Gott. Viele wünschen sich, in den Himmel zu kommen, aber nicht so, dass sie den »schmalen Pfad«, der allein dorthin führt, einschlagen und ihm folgen. Wahre geistliche Wünsche *verwenden* die Mittel der Gnade und scheuen keine Mühe, sie zu verwirklichen, und im Gebet fahren sie beständig darin fort, bis das ihnen gesetzte Ziel erreicht ist.

WIR PROFITIEREN VOM WORT, WENN WIR - SCHON JETZT - DIE BELOHNUNG DES GEHORSAMS GENIESSEN

»[D]ie Gottesfurcht aber ist für alles nützlich« (1. Timotheus 4,8). Durch Gehorsam reinigen wir unsere Seele (1. Petrus 1,22). Durch Gehorsam erlangen wir Gottes Gehör (1. Johannes 3,22), genauso wie Ungehorsam eine Barriere für unsere Gebete ist (Jesaja 59,2; Jeremia 5,25). Durch Gehorsam erlangen wir wertvolle und vertrauliche Offenbarungen von Christus der Seele gegenüber (Johannes 14,21). Wenn wir den Pfad der Weisheit betreten (vollständige Unterwerfung unter Gott), entdecken wir: »Ihre Wege sind liebliche Wege und alle ihre Pfade Frieden« (Sprüche 3,17). »Seine Gebote sind nicht schwer« (1. Johannes 5,3), und »wer sie befolgt, empfängt reichen Lohn« (Psalm 19,12).

7

DIE SCHRIFT UND DIE WELT

Im Neuen Testament steht für den Christen nicht wenig über »die Welt« und seine Haltung ihr gegenüber geschrieben. Ihr wahres Wesen wird deutlich erklärt, und der Gläubige wird ernstlich vor ihr gewarnt. Gottes heiliges Wort ist Licht vom Himmel, das hier »an einem dunklen Ort scheint« (2. Petrus 1,19). Seine göttlichen Strahlen zeigen das wahre Gesicht der Dinge. Sie durchdringen und entblößen ihre falsche Fassade und ihren falschen Glanz, die vieles verdecken. Die Welt, in der so viel Arbeit verrichtet und Geld ausgegeben wird und die von den von ihr Betrogenen so hoch gelobt und bewundert wird, wird als der »Feind Gottes« bezeichnet. Deshalb ist es Seinen Kindern verboten, sich ihr »anzupassen« und ihr Zuneigung entgegenzubringen.

Der jetzige Abschnitt unseres Themas ist keinesfalls das Unwichtigste von dem, was wir betrachten wollen, und der ernsthafte Leser wird wohl daran tun, um göttliche Gnade zu bitten, um sich selbst daran zu prüfen. Eine der Ermahnungen, die Gott an Seine Kinder richtet, lautet: »[U]nd seid als neugeborene Kindlein begierig nach der unverfälschten Milch des Wortes, damit ihr durch sie heranwachst« (1. Petrus 2,2). Es geziemt sich für jeden, sich selbst ehrlich und gewissenhaft zu prüfen, um festzustellen, ob dies auf ihn zutrifft oder nicht. Wir sollten auch nicht mit einer Zunahme von bloßem Kopfwissen bezüglich der Schrift zufrieden sein. Auf was wir am meisten bedacht sein sollten, ist unser *praktisches* Wachstum, unsere auf Erfahrung gegründete Gleichförmigkeit mit dem Bild Christi. Ein Punkt, an dem wir uns selbst prüfen können, ist: Bringt mich das Lesen und Studieren der Schrift dazu, weniger weltlich zu sein?

WIR PROFITIEREN VOM WORT, WENN UNSERE AUGEN DAFÜR GEÖFFNET WERDEN, DASS WIR DEN WAHREN CHARAKTER DER WELT ERKENNEN

Ein Dichter schrieb: »Gott ist im Himmel – mit der Welt ist alles in Ordnung.« Der erste Teil dieser Aussage ist glücklicherweise wahr, doch der andere ist grundlegend falsch, denn »die ganze Welt [befindet] sich im Bösen ...« (1. Johannes 5,19). Doch nur dann, wenn das Herz auf übernatürliche Weise durch den Heiligen Geist erleuchtet wird, werden wir befähigt, zu erkennen, dass das, was bei den Menschen hoch angesehen ist, in der Realität »ein Gräuel vor Gott« ist (Lukas 16,15). Man sollte sehr dankbar dafür sein, wenn die Seele fähig ist, zu erkennen, dass die »Welt« ein gigantischer Betrug, eine hohle Gaukelei, eine abscheuliche Sache ist, die eines Tages verbrennen muss.

Bevor wir weitergehen, wollen wir »die Welt« definieren, von der es dem Christen verboten ist, sie zu lieben. Man findet auf den Seiten der Heiligen Schrift nur wenige Wörter, die mit einer größeren Vielzahl an Bedeutungen als dieses verwendet werden. Doch die sorgsame Beachtung des Kontextes bestimmt gewöhnlich den Anwendungsbereich. Die »Welt« ist ein System oder eine Ordnung (von Dingen), die in sich selbst vollständig ist. Sie duldet es nicht, dass ein fremdes

Element eindringt, und wenn dies geschieht, dann wird es rasch angepasst und in sie eingefügt. Die »Welt« ist die gefallene menschliche Natur, die sich in der menschlichen Familie selbst auslebt und das Gefüge der menschlichen Gesellschaft gemäß ihrer eigenen Neigungen gestaltet. Sie ist das organisierte Königreich des »Trachtens des Fleisches«, das »Feindschaft gegen Gott ist; denn es unterwirft sich dem Gesetz Gottes nicht, und kann es auch nicht« (Römer 8,7). Wo immer das »Trachten des Fleisches« ist, da ist »die Welt«. Also ist mit Weltlichkeit die Welt ohne Gott gemeint.

WIR PROFITIEREN VOM WORT, WENN WIR ERKENNEN, DASS DIE WELT EIN FEIND IST, DEM MAN WIDERSTEHEN UND DEN MAN ÜBERWINDEN MUSS

Dem Christen wird geboten: »Kämpfe den guten Kampf des Glaubens« (1. Timotheus 6,12), was beinhaltet, dass es Feinde gibt, denen man begegnen muss und die man besiegen muss. So wie es die heilige Dreieinigkeit gibt – den Vater, den Sohn und den Heiligen Geist –, so gibt es auch eine böse Dreieinigkeit: das Fleisch, die Welt und den Teufel. Ein Kind Gottes ist dazu aufgerufen, mit diesen in einen Kampf auf Leben und Tod einzutreten – auf Leben und Tod, denn entweder werden diese drei es vernichten, oder es wird den Sieg über sie erlangen. Machen Sie sich, lieber Leser, also damit vertraut, dass die Welt ein Todfeind ist, und wenn Sie sie nicht in Ihrem Herzen bezwingen, dann sind Sie kein Kind Gottes, denn es steht geschrieben: »Denn alles, was aus Gott geboren ist, überwindet die Welt« (1. Johannes 5,4).

Von den vielen Gründen, warum man die Welt »überwinden« *muss*, wollen wir nun einige nennen:

Erstens zielen alle ihre Verlockungen darauf ab, die Aufmerksamkeit von Gott abzulenken und die Zuneigung der

Seele von Ihm wegzuziehen. Dies ist zwangsläufig so, denn es sind die sichtbaren Dinge, die das Herz von den unsichtbaren abwenden.

Zweitens ist der Geist der Welt dem Geist Christi völlig entgegengesetzt. Deshalb schrieb der Apostel: »*Wir* aber haben nicht den Geist der Welt empfangen, sondern den Geist, der aus Gott ist« (1. Korinther 2,12). Der Sohn Gottes kam in die Welt, »doch die Welt erkannte Ihn nicht« (Johannes 1,10); deshalb haben ihre »Fürsten« und Herrscher Ihn gekreuzigt (1. Korinther 2,8).

Drittens stehen ihre Sorgen und Belange einem gottesfürchtigen und himmlischen Leben feindlich gegenüber. Christen sind, wie auch der Rest der Menschheit, von Gott dazu aufgefordert, sechs Tage in der Woche zu arbeiten; doch während sie so beschäftigt sind, müssen sie beständig auf der Hut sein, damit sie nicht von habsüchtigen *Interessen* beherrscht werden anstatt von der Erfüllung ihrer *Pflicht.*

»[U]nser Glaube ist der Sieg, der die Welt überwunden hat« (1. Johannes 5,4). Nichts anderes als von Gott gegebener Glaube kann die Welt überwinden. Wenn das Herz mit den unsichtbaren, doch ewigen Realitäten beschäftigt ist, dann wird es von dem verderblichen Einfluss weltlicher Dinge befreit. Es erkennt mit den Augen des Glaubens das wahre Gesicht der mit den Sinnen erfassbaren Dinge und sieht, dass sie leer, nutzlos und unwürdig sind, mit den großen und herrlichen Dingen der Ewigkeit verglichen zu werden. Eine gefühlte Wahrnehmung der Vollkommenheit und Gegenwart Gottes lässt die Welt als weniger als nichts erscheinen. Wenn ein Christ den göttlichen Erlöser anschaut, der für seine Sünden gestorben ist, der lebt, um wegen seiner Sturköpfigkeit Fürsprache einzulegen, und der regiert und Dinge für seine endgültige Errettung außer Kraft setzt, dann ruft er aus: »Und neben Dir begehre ich nichts auf Erden« (Psalm 73,25).

Und wie ergeht es *Ihnen*, während Sie diese Zeilen lesen? Sie mögen dem, was im vorigen Abschnitt eben gesagt wurde, höflich zustimmen; doch wie geht es Ihnen damit *tatsächlich?* Sind Sie entzückt und begeistert von den Dingen, die von den Gottlosen so hoch geschätzt werden? Nimmt man einem weltlichen Menschen die Dinge weg, an denen er sich so freut, so ist er tief unglücklich. Verhält es sich so bei Ihnen? Oder finden sie ihre *gegenwärtige* Freude und Erfüllung in Dingen, die Ihnen *niemals* weggenommen werden können? Wir bitten Sie dringend, diese Fragen nicht auf die leichte Schulter zu nehmen, sondern sie ernsthaft in der Gegenwart Gottes zu bedenken. Eine *ehrliche* Antwort darauf wird ein Hinweis auf den wahren Zustand Ihrer Seele sein und erkennen lassen, ob Sie sich darin irren oder nicht, wenn Sie annehmen, »eine neue Schöpfung in Christus Jesus« zu sein.

WIR PROFITIEREN VOM WORT, WENN WIR ERKENNEN, DASS CHRISTUS GESTORBEN IST, UM UNS VON »DEM GEGENWÄRTIGEN BÖSEN WELTLAUF« (GALATER 1,4) ZU BEFREIEN

Der Sohn Gottes kam nicht nur hierher, um die Forderungen des Gesetzes zu erfüllen (Matthäus 5,17), die Werke des Teufels zu zerstören (1. Johannes 3,8) und uns »vor dem zukünftigen Zorn« (1. Thessalonicher 1,10) und von unseren Sünden zu erretten (Matthäus 1,21), sondern auch, um uns aus der Gefangenschaft dieser Welt zu befreien und die Seele von ihrem fesselnden Einfluss zu erretten. Dies wurde einst durch Gottes Handeln mit Israel angedeutet. Sie waren Sklaven in Ägypten, wobei »Ägypten« ein Sinnbild für die Welt ist. Sie waren in grausamer Gefangenschaft und verbrachten ihre Zeit damit, für den Pharao Ziegel herzustellen. Sie waren nicht in der Lage, sich selbst zu befreien. Doch Jahwe befreite sie durch Seine mächtige Kraft und führte sie »aus dem Eisenschmelzofen« (5. Mose 4,20) heraus. So tut es Christus mit den Seinen. Er bricht die Macht der Welt über ihren Herzen. Er macht sie unabhängig von ihr, so dass sie weder um ihr Wohlwollen buhlen noch ihre Missbilligung fürchten.

Christus gab sich Selbst hin als Opfer für die Sünden Seines Volkes, damit es als Folge davon von der vernichtenden Kraft und dem beherrschenden Einfluss alles Bösen in dieser gegenwärtigen Welt errettet werden kann: von Satan, der ihr Fürst ist, von den in ihr vorherrschenden Begierden, von dem nutzlosen Geplauder der Menschen, die zu ihr gehören. Der Heilige Geist, der in den Heiligen wohnt, kooperiert bei diesem gesegneten Werk mit Christus. Er lenkt ihre Gedanken und Zuneigung weg von irdischen Dingen auf himmlische. Durch das Wirken Seiner Kraft befreit Er sie von dem entmutigenden Einfluss, der um sie herum ist, und passt sie dem himmlischen Standard an. Und während ein Christ in der Gnade wächst, erkennt er dies und handelt dementsprechend. Er begehrt eine noch vollständigere Erlösung von »dem gegenwärtigen bösen Weltlauf« und fleht Gott an, ihn vollkommen von ihm zu befreien. Das, was ihn einst bezaubert hat, widert ihn jetzt an. Er sehnt sich nach der Zeit, in der er von diesem Schauplatz weggenommen wird, auf dem sein gesegneter Herr auf so schlimme Weise entehrt wird.

WIR PROFITIEREN VOM WORT, WENN UNSERE HERZEN VON DER WELT ENTWÖHNT WERDEN

»Habt nicht lieb die Welt, noch was in der Welt ist!« (1. Johannes 2,15). »Was für den Reisenden auf dem Weg ein Stolperstein, für den Läufer ein Gewicht und für den Vogel im Flug ein Lindenzweig ist, ist für den Christen in seinem Lauf die Liebe zur Welt – entweder lenkt sie ihn vom Weg ab, lockt ihn von ihm weg oder bringt ihn gewaltsam davon ab« (Nathaniel Hardy, 1660). Die Wahrheit ist, dass unsere Ohren gegenüber göttlicher Weisung taub sind, solange das Herz nicht von dieser Verderbtheit gereinigt worden ist. Solange wir nicht über die zeitlichen und mit den Sinnen wahrnehmbaren Dinge gehoben werden, können wir uns Gott nicht gehorsam unterwerfen. Himmlische Wahrheit perlt von einer weltlichen Gesinnung ab wie Wasser von einer Ölhaut.

Die Welt hat Christus den Rücken zugekehrt, und obwohl man Seinen Namen an vielen Orten bekennt, hat die Welt doch nichts mit Ihm zu tun. Alle Wünsche und Absichten des weltlichen Menschen dienen zur Befriedigung seines *Ichs.* Mögen seine Ziele und sein Streben so vielfältig sein, wie sie wollen – ganz oben steht das Ich; alles ist der Befriedigung des Ichs untergeordnet. Nun sind Christen in der Welt und können nicht aus ihr herausgehen; sie müssen während der vom Herrn festgelegten Zeit darin leben. Während sie hier sind, müssen sie ihren Lebensunterhalt verdienen, ihre Familien ernähren und sich um ihre weltlichen Geschäfte kümmern. Doch es ist ihnen verboten, die Welt zu *lieben,* so als ob sie sie glücklich machen könnte. Ihr »Schatz« und ihr »Anteil« sind woanders zu finden.

Die Welt zielt auf jeden Trieb des gefallenen Menschen ab. Sie enthält tausend Dinge, um ihn zu bezaubern. Diese Dinge ziehen seine Aufmerksamkeit auf sich, die wiederum ein Verlangen und eine Liebe nach ihnen erzeugt. Unmerklich, aber gewiss, prägen sie sich immer tiefer in sein Herz ein. Die Welt hat auf *alle* Bevölkerungsklassen denselben unheilvollen Einfluss. Wie attraktiv und ansprechend ihre Angebote auch sein mögen, alles Streben und alle Freuden der Welt sind dazu bestimmt, *nur in diesem Leben* Zufriedenheit zu fördern – doch

»was hilft es dem Menschen, wenn er die ganze Welt gewinnt, aber sein Leben verliert?« (Matthäus 16,26). Der Christ wird vom Geist gelehrt, und indem Er der Seele Christus präsentiert, werden seine Gedanken von der Welt abgelenkt. Genauso wie ein kleines Kind einen schmutzigen Gegenstand fallen lassen wird, wenn ihm etwas Ansprechenderes angeboten wird, sagt auch das Herz, das in Gemeinschaft mit Gott lebt: »[I]ch achte alles für Schaden gegenüber der alles übertreffenden Erkenntnis Christi Jesu, meines Herrn, um dessentwillen ich alles eingebüßt habe; und ich achte es für Dreck, damit ich Christus gewinne« (Philipper 3,8).

WIR PROFITIEREN VOM WORT, WENN WIR IN ABSONDERUNG VON DER WELT WANDELN

»[W]isst ihr nicht, dass die Freundschaft mit der Welt Feindschaft gegen Gott ist? Wer also ein Freund der Welt sein will, der macht sich zum Feind Gottes« (Jakobus 4,4). Ein Vers wie dieser sollte jeden von uns durchforschen und erzittern lassen. Wie kann ich mich mit etwas verbrüdern oder meine Freude darin suchen, was den Sohn Gottes verurteilte? Wenn ich das tue, dann setze ich mich sofort mit Seinen Feinden gleich. Ach, lieber Leser, machen Sie in diesem Punkt keinen Fehler! Es steht geschrieben: »Wenn jemand die Welt lieb hat, so ist die Liebe des Vaters nicht in ihm« (1. Johannes 2,15).

Einst wurde über das Volk Gottes gesagt, dass es »abgesondert wohnt und nicht unter die Heiden gerechnet wird« (4. Mose 23,9). Mit Gewissheit müssen die Ungleichheit des Charakters und des Verhaltens sowie die Wünsche und Bestrebungen, welche den erneuerten Menschen von dem nicht erneuerten unterscheiden, diese voneinander trennen. Wir, die wir bekennen, dass wir unser Bürgerrecht in einer anderen Welt haben, dass wir von einem anderen Geist geleitet werden, dass wir von einem anderen Maßstab gelenkt werden und dass wir auf der Reise in ein anderes Land sind, können nicht Hand in Hand mit denen gehen, die das alles *verachten!* Alles in und um uns herum soll also den Charakter der christlichen *Pilger* aufweisen. Mögen wir tatsächlich »Männer« sein, »die als Zeichen dienen« (Sacharja 3,8), denn wir passen uns »nicht diesem Weltlauf an« (Römer 12,2).

WIR PROFITIEREN VOM WORT, WENN WIR DEN HASS DER WELT HERVORRUFEN

Welche Mühe macht man sich doch in der Welt, den äußeren Schein zu wahren und einen zeitgemäßen und guten Status aufrechtzuerhalten! Ihre Bräuche, ihre Gefälligkeiten und guten Werke sind so viele Erfindungen, um ihr einen Schein von Ehrbarkeit zu verschaffen. Genauso sind ihre Kirchen und Kathedralen, ihre Priester und Prälaten nötig, um die Verdorbenheit schönzufärben, die unter der Oberfläche brodelt. Und um ein gutes Gewicht auf die Waage zu bringen, wird das »Christentum« hinzugefügt, und der heilige Name von Christus wird von vielen in den Mund genommen, die nie *Sein* »Joch« auf sich genommen haben. Von diesen sagt Gott: »Dieses Volk naht sich zu Mir mit seinem Mund und ehrt Mich mit den Lippen, aber ihr Herz ist fern von Mir« (Matthäus 15,8).

Und was sollte demgegenüber die Haltung von allen wirklichen Christen sein? Die Antwort der Schrift ist eindeutig: »[V]on solchen wende dich ab!« (2. Timotheus 3,5). »Darum geht hinaus von ihnen und sondert euch ab, spricht der Herr« (2. Korinther 6,17). Und was wird folgen, wenn man diesem göttlichen Befehl gehorcht? Nun, dann werden wir die Wahrheit der Worte Christi beweisen: »Wenn ihr von der Welt wärt, so hätte die Welt das Ihre lieb; weil ihr aber nicht von der Welt seid, sondern Ich euch aus der Welt heraus erwählt habe, darum hasst euch die Welt« (Johannes 15,19). *Welche* »Welt« ist hier speziell gemeint? Der vorangehende Vers liefert die Antwort: »Wenn euch die Welt hasst, so wisst, dass sie Mich vor euch gehasst hat« (Johannes 15,18).

Welche »Welt« hasste Christus und verfolgte Ihn bis in den Tod? Die *religiöse* Welt – die, welche vorgab, am eifrigsten um Gottes Ehre bemüht zu sein. So ist es heute. Ein Christ braucht sich nur von einem Christentum, das Christus entehrt, abzuwenden, und seine erbittertsten Gegner, seine erbarmungslosesten und gewissenlosesten Feinde werden die sein, die behaupten, selbst Christen zu sein! Doch »[g]lückselig seid ihr, wenn sie euch schmähen und verfolgen ... um Meinetwillen. Freut euch und jubelt!« (Matthäus 5,11-12). Ach, lieber Bruder, es ist ein gesundes Zeichen, ein sicheres Kennzeichen dafür, dass Sie vom Wort profitieren, wenn die religiöse Welt Sie hasst. Wenn Sie hingegen ein »gutes Ansehen« bei den »Kirchen« oder »Vereinigungen« haben, gibt es ernsthaften Grund, zu befürchten, dass Sie das Lob von Menschen mehr lieben als das von Gott!

WIR PROFITIEREN VOM WORT, WENN ES UNS ÜBER DIE WELT ERHEBT

Über ihre Gewohnheiten und Sitten

Der weltliche Mensch ist ein Sklave der vorherrschenden Gewohnheiten und Manieren der Zeit. Doch so ist es nicht bei dem, der mit Gott wandelt: Ihm geht es in erster Hinsicht darum, »dem Ebenbild Seines Sohnes gleichgestaltet zu werden« (Römer 8,29).

Über ihre Ängste und Sorgen

Früher sagte man von den Heiligen, dass sie »den Raub ihrer Güter mit Freuden hingenommen« haben, weil sie wussten, dass sie »ein besseres und bleibendes Gut in den Himmeln« haben (Hebräer 10,34).

Über ihre Versuchungen
Welche Anziehungskraft hat das Glitzern und Schillern der Welt für die, welche ihre »Lust am HERRN« (Psalm 37,4) haben? Überhaupt keine!

Über ihre Meinungen und Zustimmung
Haben Sie es gelernt, von der Welt unabhängig zu sein und ihr zu trotzen? Wenn ihr ganzes Herz darauf ausgerichtet ist, Gott zu erfreuen, werden Sie gegenüber den finsteren Blicken der Gottlosen ziemlich gleichgültig sein.

Nun, lieber Leser, möchten Sie sich wirklich selbst an den Inhalten dieses Kapitels messen? Dann suchen Sie ehrliche Antworten auf folgende Fragen.

1. Was kommt Ihnen in Ihrer Freizeit in den Sinn? Worum drehen sich Ihre Gedanken am meisten?
2. Was sind die Ziele Ihrer Wahl? Wenn Sie entscheiden müssen, wie Sie einen Abend verbringen oder den Sonntagnachmittag – wofür entscheiden Sie sich?
3. Über welche Anlässe sind Sie am meisten bekümmert – über den Verlust irdischer Dinge, oder über einem Mangel an Gemeinschaft mit Gott? Was ruft bei Ihnen mehr Kummer oder Enttäuschung hervor – die Vereitelung Ihrer Pläne, oder die Kälte Ihres Herzens gegenüber Christus?
4. Was ist Ihr liebstes Gesprächsthema? Haben Sie Verlangen nach den Neuigkeiten des Tages oder danach, sich mit denen zu treffen, die von Dem sprechen, an dem » alles ... lieblich« ist (Hohelied 5,16)?

5. Nehmen Ihre »guten Absichten« konkrete Formen an, oder sind sie nichts als leere Träume? Verbringen Sie mehr oder weniger Zeit auf Ihren Knien als früher? Schmeckt Ihnen das Wort jetzt süßer, oder hat Ihre Seele den Geschmack dafür verloren?

8

DIE SCHRIFT UND DIE VERHEISSUNGEN

Die göttlichen Verheißungen machen Gottes Volk mit der Freude Seines Willens bekannt, ihm die Reichtümer Seiner Gnade zu schenken. Sie sind die äußerliche Bezeugung Seines Herzens, das Seine Kinder von Ewigkeit her liebt, alles im Voraus für sie bestimmt hat und sich um sie kümmert. In der Person und im Werk Seines Sohnes hat Gott eine allumfassende Vorsorge für ihre vollständige Rettung getroffen, für Zeit und Ewigkeit. Mit der Absicht, dass sie eine wahre, klare und geistliche Erkenntnis darüber haben sollen, hat es dem Herrn gefallen, ihnen dies in Form der überaus großen und wertvollen Verheißungen vorzulegen, die man überall in der Schrift verteilt vorfindet, wie eine große Anzahl Sterne am herrlichen Firmament der Gnade. Durch die Verheißungen soll ihnen der sie betreffende Wille Gottes in Christus Jesus zugesichert werden, und dementsprechend sollen sie bei Ihm Schutz suchen. Durch dieses Mittel sollen sie allezeit in Seiner Barmherzigkeit und Gnade mit Ihm echte Gemeinschaft haben, unabhängig davon, wie ihre Lage oder ihre Umstände sind.

Die göttlichen Verheißungen sind eine Vielzahl von Aussagen darüber, Gutes zu geben oder Böses wegzunehmen. Gott bekundet und offenbart durch sie auf wunderbare Weise Seine Liebe zu Seinem Volk. Was die Liebe Gottes betrifft, so gibt es drei Schritte. Der erste: Seine innere Absicht, sie auszuüben, und der letzte: die tatsächliche Ausführung dieser Absicht. Doch dazwischen liegt die *freundliche Bekanntgabe* dieser Absicht gegenüber den Begünstigten. Er zeigt ihnen Seine Liebe also nicht nur vollständig zu gegebener Zeit, sondern in der Zwischenzeit *setzt Er uns über Seine wohlwollenden Absichten in Kenntnis*, damit wir in Seiner Liebe sanft ruhen können und uns auf Seinen sicheren Verheißungen ruhig entspannen können. So sind wir in der Lage, zu sagen: »[W]ie kostbar sind mir Deine Gedanken, o Gott! Wie ist ihre Summe so gewaltig!« (Psalm 139,17).

In 2. Petrus 1,4 wird von den göttlichen, »überaus großen und kostbaren Verheißungen« gesprochen. Spurgeon wies darauf hin: »Größe und Kostbarkeit gehen selten zusammen, doch in diesem Fall sind sie in einem außergewöhnlichen Maße vereinigt.« Wenn es Jahwe gefällt, Seinen Mund zu öffnen und Sein Herz zu offenbaren, dann tut Er das auf eine Weise, die Seiner Selbst würdig ist – in Worten höchster Vollmacht und Fülle. Um den geliebten Londoner Pastor nochmals zu zitieren: »Sie kommen von einem großen Gott, sie kommen zu großen Sündern, sie bewirken für uns große Ergebnisse und beschäftigen sich mit großen Angelegenheiten.« Während der natürliche Intellekt in der Lage ist, viel von ihrer Größe wahrzunehmen, so kann nur das erneuerte Herz ihre unbeschreibliche Kostbarkeit schmecken und wie David sagen: »Wie süß ist Dein Wort meinem Gaumen, mehr als Honig meinem Mund!« (Psalm 119,103).

WIR PROFITIEREN VOM WORT, WENN WIR ERKENNEN, WEM DIE VERHEISSUNGEN GEHÖREN

Sie stehen nur denen zur Verfügung, die in Christus sind. »Denn so viele Verheißungen Gottes es gibt – in Ihm *[dem Herrn Jesus]* ist das Ja, und in Ihm auch das Amen« (2. Korinther 1,20; kursiv gedruckte Wörter in Klammern sind Ergänzung des Autors). Es kann keine Gemeinschaft zwischen dem dreieinigen, heiligen Gott und sündenvollen Kreaturen geben, außer durch einen Mittler, der Ihn an ihrer Stelle zufriedengestellt hat. Folglich musste dieser Mittler von Gott alles Gute für Sein Volk empfangen, und sie müssen es durch Ihn aus zweiter Hand empfangen. Ein Sünder mag ebenso gut etwas von einem Baum erbitten, wie zu Gott zu rufen, während er Christus verachtet und ablehnt.

Sowohl die Verheißungen als auch die verheißenen Dinge werden dem Herrn Jesus übertragen und den Heiligen von Ihm übermittelt. »Und das ist die *[wichtigste und größte]* Verheißung, die Er uns verheißen hat: das ewige Leben« (1. Johannes 2,25; kursiv gedruckte Wörter in Klammern sind Ergänzung des Autors). Im selben Brief heißt es auch: »[D]ieses Leben ist in Seinem Sohn« (1. Johannes 5,11). Da dies so ist, welchen Nutzen können dann die, welche noch nicht in Christus Jesus sind, davon haben? Überhaupt keinen. Ein Mensch, der nicht in Christus ist, ist außerhalb der Gunst Gottes – ja, er steht unter Seinem Zorn. Die göttlichen Drohungen, und nicht die Verheißungen, sind *sein* Anteil. Es ist ein sehr ernster Hinweis, dass die, welche »ohne Christus« sind, »ausgeschlossen von der Bürgerschaft Israels und fremd den Bündnissen der Verheißung« sind, »keine Hoffnung« haben und »ohne Gott in der Welt« sind (Epheser 2,12). Nur die »Kinder Gottes« sind »die Kinder der Verheißung« (Römer 9,8). Stellen Sie sicher, lieber Leser, dass Sie eines von ihnen sind!

Wie schlimm ist dann die Blindheit und wie groß die Sünde der Prediger, die die göttlichen Verheißungen ohne Unterschied auf Errettete wie auch Unerrettete anwenden! Sie nehmen nicht nur »das Brot der Kinder« und werfen es den »Hunden« vor (Matthäus 15,26), sondern sie »fälschen … das Wort Gottes« (2. Korinther 4,2) und betrügen unsterbliche Seelen. Und die, welche ihnen zuhören und dem, was sie sagen, Beachtung schenken, sind nicht viel weniger schuldig, denn Gott macht alle dafür verantwortlich, für sich selbst die Schrift zu durchforschen und das, was sie lesen oder hören, an ihrem unfehlbaren Maßstab zu prüfen. Wenn sie dazu zu faul sind und es vorziehen, ihren blinden Führern blind zu folgen, dann kommt ihr Blut auf ihre eigenen Köpfe. Wahrheit muss man »kaufen« (Sprüche 23,23), und die, welche nicht gewillt sind, den Preis zu bezahlen, müssen ohne sie auskommen.

WIR PROFITIEREN VOM WORT, WENN WIR UNS BEMÜHEN, UNS DIE VERHEISSUNGEN GOTTES ANZUEIGNEN

Um das zu tun, müssen wir uns zunächst die Mühe machen, uns wirklich mit ihnen vertraut zu machen. Es ist verblüffend, wie viele Verheißungen es in der Schrift gibt, über welche die Heiligen nichts wissen – und umso mehr, wenn man sieht, dass diese der besondere Schatz für die Gläubigen sind, die Substanz des Erbes des Glaubens, das in den Verheißungen liegt. Natürlich sind Christen bereits Empfänger von wunderbaren Segnungen; doch das Kapital ihres Vermögens, der Hauptteil ihres Besitztums, ist noch zukünftig. Sie haben bereits ein »Pfand« erhalten; doch der bessere Anteil von dem, was Christus für sie erworben hat, liegt noch in der Verheißung Gottes. Wie eifrig sollten sie dann darin sein, Seinen testamentarisch festgelegten Willen zu studieren, sich selbst mit den guten Dingen vertraut zu machen, die der Geist geoffenbart hat (1. Korinther 2,10), und sich bemühen, eine Inventur ihrer geistlichen Schätze vorzunehmen!

Ich muss nicht nur die Schriften durchforschen, um herauszufinden, was mir durch den ewigen Bund vermacht worden ist, sondern ich muss auch über ihre Verheißungen nachsinnen, sie in meinem Verstand hin und her bewegen und zum Herrn rufen, um geistliches Verständnis über sie zu erlangen. Eine Biene wird keinen Honig aus einer Blüte entnehmen, solange sie sie nur anschaut. So wird auch ein Christ nicht wirklichen Trost und wirkliche Stärke aus den göttlichen Verheißungen erlangen, solange sein Glaube sie nicht ergreift und bis in ihr Innerstes durchdringt. Gott hat keine Zusage gegeben, dass die Faulen genährt werden sollen; sondern Er hat erklärt: »[D]ie Seele der Fleißigen ... wird reichlich gesättigt« (Sprüche 13,4). Deshalb sagte Christus: »Wirkt nicht [für] die Speise, die vergänglich ist, sondern [für] die Speise, die bis ins ewige Leben bleibt« (Johannes 6,27). Erst wenn wir die Verheißungen in unserem Verstand speichern, ruft sie der Geist uns in den Zeiten der Ermattung, wenn wir sie am meisten brauchen, in Erinnerung.

WIR PROFITIEREN VOM WORT, WENN WIR DIE GESEGNETE TRAGWEITE VON GOTTES VERHEISSUNGEN ERKENNEN

»Eine Art gekünsteltes Gehabe hält einige Christen davon ab, sich so um Glauben zu bemühen, als betreffe sein Wirkungsbereich die unbedeutenden Dinge des täglichen Lebens. Für sie ist er etwas Übersinnliches und Träumerisches, mehr eine Erzeugung frommer Fiktion als eine Tatsache. Sie glauben Gott auf eine bestimmte Art und Weise in Bezug auf geistliche Dinge und das kommende Leben; doch sie vergessen völlig, dass wahre Frömmigkeit eine Verheißung genauso für das jetzige Leben beinhaltet wie für das kommende. Für sie erscheint es fast als gotteslästerlich, um die kleinen Dinge zu beten, die das tägliche Leben ausmachen. Möglicherweise wären sie darüber bestürzt, wenn ich mir zu behaupten erlauben würde, dass sie das dazu veranlassen sollte, die Wirklichkeit ihres Glaubens in Frage zu stellen. Wenn er ihnen nicht in den kleinen Drangsalen des Lebens Hilfe bringt, wird er sie dann in den größeren Prüfungen des Todes tragen?« (C. H. Spurgeon).

»... die Gottesfurcht aber ist für alles nützlich, da sie die Verheißung für dieses und für das zukünftige Leben hat« (1. Timotheus 4,8). Glauben Sie das wirklich, lieber Leser, dass die Verheißungen Gottes *jeden* Aspekt und besonders Ihr Alltagsleben abdecken? Oder haben die »Dispensationalisten« Sie dahingehend getäuscht, dass das Alte Testament nur den fleischlichen Juden gehöre, und dass sich *unsere Verheißungen* nur auf geistliche und nicht auf materielle Segnungen bezögen? Wie viele Christen haben schon in den Worten »Ich will dich *nicht* aufgeben und dich *niemals* verlassen!« (Hebräer 13,5) Trost gefunden. Nun dies ist ein Zitat aus Josua 1,5! Genauso heißt es in 2. Korinther 7,1: »Weil wir nun diese Verheißungen haben«, wobei eine von ihnen, auf die in 2. Korinther 6,18 Bezug genommen wird, aus dem 3. Buch Mose entnommen ist!

Vielleicht fragt jemand: »Doch wo muss ich die Grenze ziehen? Welche der Verheißungen des Alten Testaments gehören rechtmäßig mir?« Wir antworten, dass in Psalm 84,12 erklärt wird: »[D]er HERR gibt Gnade und Herrlichkeit, wer in Lauterkeit wandelt, dem versagt Er nichts Gutes.« Wenn Sie wirklich aufrichtig wandeln, dann sind Sie berechtigt, sich diese gesegnete Verheißung anzueignen und auf den Herrn zu zählen, dass Er Ihnen jedes »Gute«, was Sie wirklich benötigen, schenkt. »Mein Gott aber wird allen euren Mangel ausfüllen« (Philipper 4,19). Wenn es also irgendwo in Seinem Wort eine Verheißung gibt, die genau auf unsere gegenwärtige Lage und Situation passt, dann machen Sie sich diese zu eigen, so wie sie auf ihr Bedürfnis passt. Widerstehen Sie standhaft jedem Versuch Satans, Sie irgendeines Anteils am Wort des Vaters zu berauben!

WIR PROFITIEREN VOM WORT, WENN WIR ZWISCHEN DEN VERHEISSUNGEN GOTTES GENAU UNTERSCHEIDEN

Viele vom Volk des Herrn machen sich häufig des geistlichen Diebstahls schuldig. Damit meinen wir, dass sie sich selbst etwas aneignen, zu dem sie nicht berechtigt sind, weil es einem anderen zugesagt ist. »Bestimmte Bundesversprechen, die unser Herr Jesus Christus gemacht hat und die sich auf Seine Erwählten und Erlösten beziehen, sind allesamt ohne Bedingung, soweit sie uns betreffen. Doch viele andere reichhaltige Worte des Herrn enthalten Bedingungen, die sorgfältig beachtet werden müssen; ansonsten erhalten wir die Segnung nicht. Ein Teil der eifrigen Suche meines Lesers muss auf diesen äußerst wichtigen Punkt gerichtet sein. Gott wird dir gegenüber Sein Versprechen einhalten. Nur musst du dafür sorgen, dass die Bedingung, an die Er Sein Versprechen bindet, sorgfältig von dir eingehalten wird. Nur wenn wir die Anforderungen einer bedingten Verheißung erfüllen, können wir erwarten, dass sich die Verheißung uns gegenüber erfüllt« (C. H. Spurgeon).

Viele der göttlichen Verheißungen beziehen sich auf bestimmte Charaktere – oder zutreffender ausgedrückt, auf ein bestimmtes Benehmen. Zum Beispiel erklärt der Herr in Psalm 25,9, dass Er »die Elenden in Gerechtigkeit« leitet; doch wenn ich außerhalb der Gemeinschaft mit Ihm stehe, wenn ich einen Kurs des Eigenwillens verfolge, wenn mein Herz hochmütig ist, dann bin ich nicht berechtigt, den Trost dieses Verses für mich zu beanspruchen. Ferner sagt uns der Herr in Johannes 15,7: »Wenn ihr in Mir bleibt und Meine Worte in euch bleiben, so werdet ihr bitten, was ihr wollt, und es wird euch zuteilwerden.« Doch wenn ich nicht in auf Erfahrung gegründeter Gemeinschaft mit Ihm lebe, wenn Seine Gebote mein Verhalten nicht regeln, dann werden meine Gebete unbeantwortet bleiben. Während die Verheißungen Gottes aus reiner Gnade hervorgehen, müssen wir uns dennoch immer daran erinnern, dass Seine Gnade »durch Gerechtigkeit« herrscht (Römer 5,21) und niemals die menschliche Verantwortung beiseite setzt. Wenn ich die Gesundheitsregeln ignoriere, dann darf ich nicht überrascht sein, dass mich Krankheit davon abhält, viele der zeitlichen Gnadenerweise Gottes zu genießen. In gleicher Weise muss ich mir, wenn ich Seine Gebote missachte, selbst die Schuld zuschreiben, wenn ich dann nicht im Stande bin, die Erfüllung vieler Seiner Verheißungen zu empfangen.

Niemand sollte annehmen, dass sich Gott durch Seine Verheißungen Selbst dazu verpflichtet habe, die Anforderungen Seiner Heiligkeit zu ignorieren. Er übt keine Seiner vollkommenen Taten auf Kosten einer anderen aus. Und niemand sollte sich vorstellen, dass Gott das Opferwerk Christi vergrößern würde, wenn Er dessen Frucht unbußfertigen und gleichgültigen Seelen zukommen lassen würde. Hier muss ein *Gleichgewicht* der Wahrheit aufrechterhalten werden. Leider geht das heute so häufig verloren, und unter dem Vorwand, die göttliche Gnade zu verherrlichen, verkehren Menschen in Wirklichkeit »die Gnade unseres Gottes in Zügellosigkeit« (Judas 4). Wie oft hört man, dass der Vers zitiert wird: »[R]ufe Mich an am Tag der Not; so will Ich dich erretten« (Psalm 50,15). Doch dieser Vers beginnt mit einem »[U]nd« – und der vorhergehende Satz lautet: »[E]rfülle dem

Höchsten deine Gelübde«! Wie oft wird weiterhin auch die Zusage: »Ich will dich mit Meinen Augen leiten« (Psalm 32,8; Lu 1912) von Leuten an sich gerissen, die dem Zusammenhang keine Aufmerksamkeit schenken! Denn das ist Gottes Verheißung für den, der dem Herrn seine »Übertretungen« bekannt hat (Vers 5). Wenn ich also in meinem Gewissen Sünde habe, die ich dem Herrn nicht bekannt habe, und mich auf einen Arm des Fleisches gestützt oder Hilfe von meinen Gefährten gesucht habe, anstatt nur auf Gott zu warten (Psalm 62,6), dann habe ich kein Recht darauf, damit zu rechnen, dass der Herr mich mit Seinen Augen leitet – was notwendigerweise voraussetzt, dass ich in enger Gemeinschaft mit Ihm wandle, denn ich kann nicht die Augen eines anderen sehen, während ich von ihm entfernt bin.

WIR PROFITIEREN VOM WORT, WENN WIR BEFÄHIGT WERDEN, GOTTES VERHEISSUNGEN ZU UNSERER STÜTZE UND UNSEREM HALT ZU MACHEN

Dies ist ein Grund, weshalb sie uns Gott gegeben hat; nicht nur, um Seine Liebe zu offenbaren, indem Er Seine wohlwollenden Absichten kundtut, sondern auch, um unsere Herzen zu trösten und unseren Glauben zu entwickeln. Wenn es Gott so gefallen hätte, dann hätte Er uns Seine Segnungen verleihen können, ohne uns von Seiner Absicht in Kenntnis zu setzen. Der Herr hätte uns alle Seine Gnaden, die wir benötigen, verleihen können, ohne sich Selbst dazu zu verpflichten. Doch in diesem Falle wären wir keine Gläubigen gewesen. Glaube ohne eine Verheißung wäre wie Füße ohne Boden, auf dem sie stehen könnten. Unser liebevoller Vater hat beabsichtigt, dass wir Seine Gaben doppelt genießen sollen: zunächst durch Glauben, und dann in der Erfüllung. Dadurch entwöhnt Er unser Herz auf weise Art von den sichtbaren und vergänglichen Dingen und zieht sie vorwärts und aufwärts zu den Dingen, die geistlich und ewig sind.

Wenn es keine Verheißungen gäbe, so gäbe es keinen Glauben und auch keine Hoffnung. Denn was ist Hoffnung anderes, als die *Erwartung* der Dinge, von denen Gott erklärt hat, dass Er sie uns schenken will. Glaube blickt auf das Wort der Verheißung, Hoffnung auf ihre Erfüllung. So war es mit Abraham, der »auf Hoffnung hin geglaubt [hat], ... Und er wurde nicht schwach im Glauben und zog nicht seinen Leib in Betracht, der schon erstorben war, weil er fast hundertjährig war; auch nicht den erstorbenen Mutterleib der Sara. Er zweifelte nicht an der Verheißung Gottes durch Unglauben, sondern wurde stark durch den Glauben, indem er Gott die Ehre gab« (Römer 4,18-20). So verhielt es sich auch bei Mose, »da er die Schmach des Christus für größeren Reichtum hielt als die Schätze, die in Ägypten waren; denn er sah die Belohnung an« (Hebräer 11,26). So war es bei Paulus: »Denn ich vertraue Gott, dass es so gehen wird, wie es mir gesagt worden ist« (Apostelgeschichte 27,25). Ist es so bei Ihnen, lieber Leser? Sind die Verheißungen von Ihm, der nicht lügen kann, der Ruheort ihres armen Herzens?

WIR PROFITIEREN VOM WORT, WENN WIR GEDULDIG DIE ERFÜLLUNG VON GOTTES VERHEISSUNGEN ERWARTEN

Gott versprach Abraham einen Sohn; doch er wartete viele Jahre auf die Erfüllung. Simeon hatte »die Zusage empfangen, dass er den Tod nicht sehen werde, bevor er den Gesalbten des Herrn gesehen habe« (Lukas 2,26); doch sie traf erst ein, als er schon »mit einem Fuß im Grab« stand. Oft gibt es zwischen der Saatzeit des Gebets und dem Ernten der Antwort einen langen und harten Winter. Der Herr Jesus Selbst hat noch keine vollständige Antwort auf Sein Gebet erhalten, das Er in Johannes 17, vor rund 2000 Jahren, sprach. Viele der besten von Gottes Verheißungen an Sein Volk werden erst vollständig in Erfüllung gehen, wenn es in der Herrlichkeit ist. Er, der die ganze Ewigkeit zu Seiner Verfügung hat, hat keine Eile nötig. Gott lässt uns oft abwarten, damit die Geduld ihr »vollkommenes Werk« habe (Jakobus 1,4), und wir sollten Ihm trotzdem nicht misstrauen. »Denn die Offenbarung wartet noch auf die bestimmte Zeit, und doch eilt sie auf das Ende zu und wird nicht trügen. Wenn sie sich verzögert, so warte auf sie, denn sie wird gewiss eintreffen und nicht ausbleiben« (Habakuk 2,3).

»Diese alle sind im Glauben gestorben, ohne das Verheißene empfangen zu haben, sondern sie haben es nur von ferne gesehen und waren davon überzeugt, und haben es willkommen geheißen« (Hebräer 11,13). Hierin ist das gesamte Werk des Glaubens enthalten: Erkenntnis, Vertrauen, ein liebendes Festhalten. Das »von ferne« bezieht sich auf die verheißenen Dinge – die, welche sie mit ihrem Geist sahen, während sie das Wesen hinter dem Schatten erkannten und in ihnen die Weisheit und Güte Gottes erkannten. Sie waren »überzeugt«. Sie zweifelten nicht, sondern waren sich ihrer Teilhabe daran sicher und wussten, dass sie nicht enttäuscht würden. »Willkommen geheißen« bringt ihre Freude und Bewunderung zum Ausdruck – ein Herz, dass sich an ihnen in Liebe festhielt, sie aufrichtig begrüßte und über sie nachsann. Die Verheißungen waren der Trost und der Halt ihrer Seelen auf all ihren Wegen, Versuchungen und Leiden.

Indem Gott Seine Ausführung der Verheißungen verzögert, werden mehrere Ziele erreicht. Nicht nur wird der Glaube geprüft, um seine Echtheit deutlicher zum Vorschein kommen zu lassen; nicht nur wird Geduld entwickelt und die Möglichkeit gegeben, dass man sich in Hoffnung übt; sondern auch die Unterordnung unter den göttlichen Willen wird gefördert. »Der Entwöhnungsprozess ist nicht vollendet: Wir verlangen immer noch nach den Tröstungen, von denen der Herr beabsichtigt, dass wir über sie hinauswachsen sollen. Abraham hielt ein großes Fest, als sein Sohn Isaak entwöhnt war; und vielleicht wird unser himmlischer Vater dasselbe mit uns tun. Leg dich nieder, stolzes Herz. Gib deine Götzen auf; verlasse deine törichten Handlungen, und der verheißene Frieden wird über dich kommen« (C. H. Spurgeon).

WIR PROFITIEREN VOM WORT, WENN WIR VON DEN VERHEISSUNGEN RICHTIGEN GEBRAUCH MACHEN

In unserem Umgang mit Gott Selbst

Wenn wir uns Seinem Thron nähern, dann dazu, um eine Seiner Verheißungen geltend zu machen. Sie sollen nicht nur das Fundament unseres Glaubens bilden, so dass er darauf ruhen kann, sondern auch den Inhalt unserer Bitten. Wir müssen gemäß dem Willen Gottes bitten, wenn wir gehört werden wollen. Und Sein Wille wird in jenen guten Dingen offenbart, von denen Er erklärt hat, dass Er sie uns geben will. Wir sollen also Seine Versprechen ergreifen und sie vor Ihm ausbreiten und sagen: »[T]ue, wie Du geredet hast!« (2. Samuel 7,25). Beachten Sie, wie Jakob die Verheißung in 1. Mose 32,13, Mose in 2. Mose 32,13, David in Psalm 119,58 und Salomo in 1. Könige 8,25 geltend machte – und tun Sie, liebes Kind Gottes, es ebenso.

In unserem Leben, das wir in dieser Welt führen

In Hebräer 11,13 lesen wir nicht nur von den Patriarchen, welche die göttlichen Verheißungen sahen, ihnen vertrauten und sie begrüßten, sondern wir werden auch darüber informiert, welche *Wirkungen* sie in ihnen hervorriefen: Sie haben »bekannt, dass sie Gäste ohne Bürgerrecht und Fremdlinge sind auf Erden«, was bedeutet, dass sie ein öffentliches Bekenntnis ihres Glaubens ablegten. Sie bestätigten (und demonstrierten durch ihr Verhalten), dass ihre Interessen nicht auf den Dingen der Welt ruhten – sie hatten einen zufriedenstellenden Anteil in den Verheißungen, die sie sich angeeignet hatten. Ihre Herzen waren auf himmlische Dinge ausgerichtet; denn wo das Herz eines Menschen ist, da wird auch sein Schatz sein.

»Weil wir nun diese Verheißungen haben, Geliebte, so wollen wir uns reinigen von aller Befleckung des Fleisches und des Geistes zur Vollendung der Heiligkeit in Gottesfurcht!« (2. Korinther 7,1). Dies ist die Wirkung, die Gottes Verheißungen in uns hervorrufen sollten und auch *werden*, wenn wir sie wirklich durch Glauben ergreifen. »... durch welche Er uns die überaus großen und kostbaren Verheißungen gegeben hat, damit ihr durch dieselben göttlicher Natur teilhaftig werdet, nachdem ihr dem Verderben entflohen seid, das durch die Begierde in der Welt herrscht« (2. Petrus 1,4). Also haben das Evangelium und die kostbaren Verheißungen – in Gnade verliehen und in Kraft angewendet – Einfluss auf die Reinheit des Herzens und das Verhalten. Sie lehren den Menschen, Gottlosigkeit und weltliche Begierden zu verleugnen und nüchtern, rechtschaffen und fromm zu leben. Dies sind die machtvollen Auswirkungen der Verheißungen des Evangeliums unter göttlichem Einfluss: Sie machen den Menschen innerlich zu Teilhabern der göttlichen Natur, und äußerlich bewirken sie in ihm, sich von dem vorherrschenden Verderben und den Lastern der Zeit fernzuhalten und sie zu meiden.

9

DIE SCHRIFT UND DIE FREUDE

Die Gottlosen suchen immer nach Freude, doch sie finden sie nicht. Sie beschäftigen sich damit und ermüden daran, doch alles umsonst. Während ihre Herzen vom Herrn abgewandt sind, schauen sie nach unten, um da Freude zu finden, wo sie nicht ist. Indem sie das Wesentliche ablehnen, jagen sie eifrig dem Schatten nach, nur um sich von ihm verspotten zu lassen. Es ist eine souveräne Anordnung des Himmels, dass die Sünder nichts wahrhaft glücklich machen kann, als allein Gott in Christus. Doch das glauben sie nicht, und deshalb gehen sie von Geschöpf zu Geschöpf, von einer zerbrochenen Zisterne zur nächsten, während sie danach fragen, wo man die beste Freude finde. Jede weltliche Sache, von der sie angezogen werden, sagt: »In mir ist sie zu finden!«; doch bald sind sie wieder enttäuscht. Nichtsdestotrotz fahren sie darin fort, heute von Neuem wieder Freude in derselben Sache zu suchen, die sie gestern betrogen hat. Wenn sie nach vielen Versuchen die Leere eines irdischen Genusses entdecken, dann wenden sie sich dem nächsten zu, nur um des Herrn Wort zu bestätigen: »Jeden, der von diesem Wasser trinkt, wird wieder dürsten« (Johannes 4,13).

Das andere Extrem ist, dass es einige Christen gibt, die annehmen, es sei sündhaft, sich zu freuen. Ohne Zweifel werden viele unserer Leser überrascht sein, das zu hören; doch sie sollten dankbar sein, dass sie in einem sonnigeren Umfeld aufgewachsen sind, und Geduld mit uns haben, während wir uns um die weniger Begünstigten bemühen. Einige wurden gelehrt – größtenteils eher durch Schlussfolgerung und Vorbild als durch deutliche Einschärfung –, dass es ihre Pflicht sei, bedrückt zu sein. Sie haben die Vorstellung, dass Gefühle der Freude vom Teufel hervorgebracht würden, indem er als Engel des Lichts erscheine. Sie schlussfolgern, dass es nahezu eine Art der Sündhaftigkeit sei, in solch einer Welt der Sünde, in der wir sind, glücklich zu sein. Sie halten es für anmaßend, sich an der Erkenntnis, dass ihre Sünden vergeben sind, zu freuen. Und wenn sie junge Christen sehen, die das tun, dann sagen sie ihnen, dass sie bald in den Sumpf der Verzweiflung stolpern würden. All solche wollen wir liebevoll ermahnen, über den Rest dieses Kapitels mit Gebet nachzusinnen.

»Freut euch allezeit!« (1. Thessalonicher 5,16). Es kann sicherlich nicht gefährlich sein, das zu tun, was Gott uns geboten hat. Der Herr hat kein Verbot darüber verhängt, sich zu freuen. Nein, es ist Satan, der sich bemüht, uns dahin zu bringen, unsere Harfen an den Nagel zu hängen. Es gibt in der Schrift keine Vorschrift, die uns befiehlt: »Seid betrübt im Herrn allezeit; abermals sage ich: Seid betrübt!« Aber es gibt eine Ermahnung, die uns auffordert: »Jauchzt dem HERRN, ihr Gerechten! Den Aufrichtigen ziemt Lobgesang« (Psalm 33,1). Wenn Sie, lieber Leser, ein wirklicher Christ sind (und es ist höchste Zeit, dass Sie sich selbst durch die Schrift überprüft haben und sich bezüglich dieses Punktes vergewissert haben), dann gehört Christus und alles, was in Ihm ist, Ihnen. Er befiehlt Ihnen: »Esst, [meine] Freunde, trinkt und berauscht euch an der Liebe!« (Hohelied 5,1). Die einzige Sünde, die Sie gegen Sein Festessen der Liebe begehen können, ist: sich selbst zu beschränken. »... eure Seele soll sich laben an fetter Speise!« (Jesaja 55,2) – das wird nicht denen gesagt, die bereits im Himmel sind, sondern den Heiligen, die noch auf der Erde sind. Das veranlasst uns zu sagen:

WIR PROFITIEREN VOM WORT, WENN WIR ERKENNEN, DASS FREUDE EINE PFLICHT IST

»Freut euch im Herrn allezeit; abermals sage ich: Freut euch!« (Philipper 4,4). Der Heilige Geist spricht hier von Freude als einer persönlichen, gegenwärtigen und dauerhaften Pflicht, die das Volk Gottes verrichten soll. Der Herr hat es nicht unserer Wahl überlassen, ob wir froh oder traurig sein sollten, sondern Er hat Freude zu einer Verpflichtung gemacht. Sich nicht zu freuen, ist eine Unterlassungssünde. Das nächste Mal, wenn Sie einem strahlenden Christen begegnen, dann schelten Sie ihn nicht, Sie Bewohner der Zweifelsburg, sondern schelten Sie sich selbst! Anstatt der Bereitschaft, die göttliche Quelle seiner Freude in Frage zu stellen, richten Sie sich selbst für Ihren trübsinnigen Zustand!

Wir ermahnen hier nicht zu einer fleischlichen Freude – wir meinen nicht eine Freude, die aus fleischlichen Quellen entspringt. Es ist nutzlos, Freude in irdischen Reichtümern zu suchen; denn oft bekommen sie Flügel und fliegen davon. Einige suchen ihre Freude im Familienkreis, doch diese Freude bleibt höchstens für ein paar wenige Jahre unversehrt. Nein, wenn wir uns »allezeit« freuen sollen, dann muss es die Freude an einer Sache sein, die in alle Ewigkeit währt. Wir beziehen uns hier auch nicht auf eine fanatische Freude. Es gibt Menschen mit einem erregbaren Wesen, die nur glücklich sind, wenn sie halb von Sinnen sind; doch entsetzlich ist dann der Rückschlag. Nein, wir sprechen von einer vernünftigen und beständigen Herzensfreude an Gott Selbst. Jedes Merkmal Gottes wird, wenn man es im Glauben betrachtet, das Herz zum Singen bringen. Jede Lehre des Evangeliums wird, wenn sie wirklich verstanden wird, Freude und Lobgesang hervorrufen.

Freude ist eine christliche Pflichtangelegenheit. Vielleicht möchte der Leser ausrufen: Meine Gefühle von Freude und Sorge habe ich nicht unter Kontrolle; ich kann nicht umhin, mich zu freuen oder traurig zu sein, da es mir die Umstände vorschreiben. Doch wir wiederholen, dass »Freut euch im Herrn!« ein göttliches Gebot ist und es zu einem großen Ausmaß in unserer eigenen Macht liegt, diesem zu gehorchen. Ich bin dafür verantwortlich, meine Gefühle zu beherrschen. Natürlich kann ich in Gegenwart von trübseligen Gedanken nicht anders, als betrübt zu sein; doch ich kann meinem Verstand verweigern, bei diesen Gedanken zu verweilen. Ich kann, um mich zu erleichtern, mein Herz vor dem Herrn ausschütten und meine Last auf Ihn werfen. Ich kann nach Gnade suchen, um über Seine Güte, Seine Verheißungen und die herrliche Zukunft, die mich erwartet, nachzusinnen. Ich muss entscheiden, ob ich dahin gehen und im Licht stehen oder mich im Schatten verstecken will. Sich nicht am Herrn zu freuen, ist mehr als ein Missgeschick; es ist eine Schuld, die man bekennen und lassen muss.

WIR PROFITIEREN VOM WORT, WENN WIR DAS GEHEIMNIS WAHRER FREUDE ERFAHREN

Dieses Geheimnis wird in 1. Johannes 1,3-4 offenbart: »... und unsere Gemeinschaft ist mit dem Vater und mit Seinem Sohn Jesus Christus. Und dies schreiben wir euch, damit eure Freude vollkommen sei.« Wenn wir bedenken, wie wenig wir mit Gott Gemeinschaft pflegen – und diese so oberflächlich ist –, dann sollte man sich nicht darüber wundern, dass so viele Christen verhältnismäßig freudlos sind. Manchmal singen wir: »O freudiger Tag, der meine Freude auf Dich richtet, mein Retter und mein Gott! Möge nun mein strahlendes Herz sich freuen und seine Glückseligkeit an allen Orten erzählen!« Ja – doch wenn man diese Freude aufrechterhalten will, müssen sich unser Herz und Sinn beständig und treu mit Christus beschäftigen. Nur da, wo es viel Glaube gibt und eine daraus folgende Liebe, gibt es auch viel Freude.

»Freut euch im Herrn allezeit!« Es gibt nichts anderes, an dem wir uns »allezeit« freuen können. Alles andere verändert sich und ist unbeständig. Woran wir uns heute erfreuen, davon können wir morgen übersättigt sein. Doch der Herr ist immer derselbe – an Ihm kann man sich in Zeiten der Not genauso sehr freuen wie in Zeiten des Erfolgs. Den folgenden Vers kann man dafür zur Hilfe nehmen: »Eure Sanftmut lasst alle Menschen erfahren! Der Herr ist nahe!« (Philipper 4,5). Seien Sie in Verbindung mit allen äußerlichen Dingen gemäßigt. Seien Sie nicht von ihnen angetan, wenn sie am angenehmsten erscheinen, und auch nicht bekümmert, wenn sie unangenehm sind. Seien Sie nicht überschwänglich, wenn die Welt Sie anlächelt, und auch nicht niedergeschlagen, wenn sie Sie böse anschaut. Bewahren Sie sich eine unerschütterliche Gleichgültigkeit gegenüber äußerlichen Annehmlichkeiten. Warum sollte man so mit ihnen beschäftigt sein, wenn *der Herr* Selbst »nahe« ist!? Wenn die Verfolgung brutal ist, wenn weltliche Verluste schwer sind, ist der Herr »ein Helfer, bewährt in Nöten« (Psalm 46,2). Er ist bereit, die zu stützen und ihnen zu Hilfe zu kommen, die sich auf Ihn werfen. Er wird für Sie sorgen, also: »Sorgt euch um nichts« (Philipper 4,6). Weltliche Menschen werden verfolgt von drückenden Sorgen; doch ein Christ sollte das nicht sein.

»Dies habe Ich zu euch geredet, damit Meine Freude in euch bleibe und eure Freude völlig werde« (Johannes 15,11). Wenn wir diese kostbaren Worte von Christus bedenken und in unserem Herzen verwahren, dann können sie nur Freude hervorbringen. Ein freudiges Herz entsteht durch eine zunehmende Erkenntnis zu der Wahrheit, die in Jesus ist, und durch eine Liebe zu ihr. »Als ich Deine Worte fand, da verschlang ich sie; Deine Worte sind mir zur Freude und Wonne meines Herzens geworden« (Jeremia 15,16). Ja, wenn wir uns von den Worten des Herrn ernähren und uns an ihnen gütlich tun, dann geschieht es, dass die Seele überreich gesättigt wird und wir dahin gebracht werden, Ihm in unseren Herzen zu singen.

»[D]ass ich komme zum Altar Gottes, zu dem Gott, der meine Freude und Wonne ist« (Psalm 43,4). Spurgeon hat es sehr gut formuliert: »Mit welchem Hochgefühl sollten Gläubige Christus nahen, für Den der Altar ein Typus ist! Ein klareres Licht sollte eine klarere Intensität von Verlangen verleihen. Nicht um den Altar als solchen kümmerte sich der Psalmist, denn er glaubte nicht an heidnischen Ritualismus. Seine Seele verlangte nach geistlicher Gemeinschaft, und zwar nach Gemeinschaft mit Gott. Was sind alle Anbetungsriten, wenn der Herr nicht Selbst gemeint ist – ja, was, außer leere Schalen und trockene Hülsen!? Beachten Sie das heilige Entzücken, mit welchem David den Herrn betrachtet! Er ist nicht nur allein seine Freude, sondern seine »Wonne«; nicht nur die Quelle der Freude, der Geber der Freude oder der Erhalter der Freude, sondern Er *Selbst* ist diese Freude.

»Denn der Feigenbaum wird nicht ausschlagen und der Weinstock keinen Ertrag geben; die Frucht des Ölbaums wird trügen, und die Felder werden keine Nahrung liefern; die Schafe werden aus den Hürden getilgt, und kein Rind wird mehr in den Ställen sein. – Ich aber will mich freuen in dem HERRN und frohlocken über den Gott meines Heils« (Habakuk 3,17-18). Dies ist etwas, von dem der weltliche Mensch nichts weiß; nur ist dies leider eine Erfahrung, die auch vielen bekennenden Christen fremd ist! Gott ist es, in welchem die Quelle geistlicher und immerwährender Freude entspringt; aus Ihm fließt alles hervor. Dies wurde einst von der Gemeinde bestätigt, als sie sagte: »Alle meine Quellen sind in Dir!« (Psalm 87,7). Glücklich der Mensch, dem dieses Geheimnis wirklich gelehrt worden ist!

WIR PROFITIEREN VOM WORT, WENN UNS DER GROSSE WERT DER FREUDE GELEHRT WURDE

Freude ist für die Seele das, was für den Vogel die Flügel sind – sie befähigt uns, über die Dinge der Erde hinaufzusteigen. Dies wird in Nehemia 8,10 deutlich herausgebracht: »... denn die Freude am HERNN ist eure Stärke!«. Die Tage Nehemias kennzeichneten einen Wendepunkt in der Geschichte Israels. Ein Überrest war aus Babylon befreit worden und kehrte nach Palästina zurück. Das Gesetz, das von den Gefangenen lange vernachlässigt worden war, sollte nun wieder als Norm für den neu gebildeten Staat aufgerichtet werden. Sie erinnerten sich an die vielen Sünden der Vergangenheit, und so war es nicht unnatürlich, dass sich unter die Dankbarkeit darüber, wieder eine Nation zu sein, die eine göttliche Anbetung und ein göttliches Gesetz in ihrer Mitte hat, Tränen mischten. Ihr Führer, der genau wusste, dass die Leute den Schwierigkeiten ihrer Lage nicht gegenübertreten und sie bezwingen konnten, wenn ihr Geist ermatten würde, sagte zu ihnen: »... denn dieser Tag ist unserem Herrn heilig; darum seid nicht bekümmert, denn die Freude am HERRN ist eure Stärke!« (Nehemia 8,10).

Sünden zu bekennen und sie zu beweinen, hat seine Berechtigung, und die Gemeinschaft mit Gott kann ohne dasselbe nicht aufrechterhalten werden. Dennoch müssen wir, wenn wir wirklich Buße getan haben und die Dinge mit Gott in Ordnung gekommen sind, vergessen, »was dahinten ist«, und uns ausstrecken »nach dem, was vor [uns] liegt« (Philipper 3,13). Und wir können nur dann mit Eifer vorwärtsdrängen, wenn unsere Herzen mit Freude erfüllt sind. Wie schwer sind die Schritte eines Menschen, der sich der Stelle nähert, an welcher ein geliebter Mensch begraben liegt! Doch wie schwungvoll sind seine Bewegungen, wenn er hingeht, um seine Braut zu treffen! Klagegeschrei macht uns untauglich für die Kämpfe des Lebens. Wo Verzweiflung ist, hat man nicht länger Kraft zum Gehorsam. Wenn es keine Freude gibt, kann es keine Anbetung geben.

Meine lieben Leser, es gibt Aufgaben zu erfüllen, Dienst an anderen zu leisten, Versuchungen zu überwinden, Schlachten zu kämpfen; und wir sind nur dann wirklich dazu in der Lage, wenn sich unsere Herzen am Herrn freuen. Wenn unsere Seelen in Christus ruhen und unsere Herzen mit einer stillen Freude erfüllt sind, dann wird Arbeit einfach sein, Pflichten angenehm, Leid erträglich, Ausharren möglich. Weder eine reuevolle Erinnerung an Fehler der Vergangenheit noch vehemente Vorsätze werden uns zum Erfolg führen. Wenn der Arm kraftvoll zerschmettern soll, dann muss er es auf den Befehl eines leichten Herzens tun. Vom Heiland Selbst wird berichtet: »... der um der vor Ihm liegenden Freude willen das Kreuz erduldete und dabei die Schande für nichts achtete« (Hebräer 12,2).

WIR PROFITIEREN VOM WORT, WENN WIR UNS UM DIE WURZEL DER FREUDE KÜMMERN

Die Quelle der Freude ist der Glaube: »Der Gott der Hoffnung aber erfülle euch mit aller Freude und mit Frieden im

Glauben« (Römer 15,13). Das Wort trifft in zweierlei Hinsicht für uns Vorsorge: sowohl durch das, was es uns nimmt, als auch durch das, was es uns bringt, um dem Herzen des Christen eine ruhige und beständige Glut zu verleihen. Es nimmt die Last der Schuld weg, indem es dem geplagten Gewissen Frieden zuspricht. Es nimmt die Angst vor Gott und den Schrecken des Todes weg, der auf der Seele lastet, während sie unter der Verdammnis steht. Es gibt unseren Herzen Anteil an Gott Selbst, als das Gegenüber unserer Gemeinschaft. Das Evangelium bewirkt Freude, weil die Seele zur Ruhe in Gott gekommen ist. Doch diese Segnungen werden nur dann unser Eigen, wenn wir sie persönlich in Besitz nehmen. Der Glaube muss sie *empfangen,* und wenn das geschieht, dann wird unser Herz mit Frieden und Freude erfüllt. Das Geheimnis *anhaltender* Freude ist, den Kanal offen zu halten, so weiter zu machen, wie wir angefangen haben. *Unglaube* ist es, der den Kanal verstopft. Wenn ein Thermometer nur von geringer Wärme umgeben ist, dann ist es kein Wunder, dass das Quecksilber nur so wenig steigt. Wenn der Glaube schwach ist, dann kann die Freude nicht überzeugend sein. Wir müssen täglich um neue Erkenntnis der Kostbarkeit des Evangeliums beten, um neue Zueignung seiner gesegneten Inhalte; dann wird unsere Freude erneuert.

WIR PROFITIEREN VOM WORT, WENN WIR DARAUF ACHT GEBEN, UNSERE FREUDE AUFRECHTZUERHALTEN

»Freude im Heiligen Geist« (Römer 14,17) unterscheidet sich völlig von natürlicher Beschwingtheit des Geistes. Sie ist ein Produkt des Trösters, der in unseren Herzen und Leibern wohnt. Er offenbart uns Christus. Er stillt all unser Verlangen nach Vergebung und Reinigung und bringt uns dadurch Frieden mit Gott. Er formt Christus in uns, damit Er in unseren

Seelen regiert und uns Seiner Herrschaft unterwirft. Es gibt keinerlei Umstände von Prüfung und Versuchung, in denen wir auf die Freude verzichten dürfen, denn das Gebot lautet: »Freut euch im Herrn *allezeit!*« Er, der dieses Gebot gegeben hat, weiß alles über die dunklen Seiten unseres Lebens, über die Sünden und Sorgen, die uns befallen, die vielen »Bedrängnisse«, durch welche wir »in das Reich Gottes eingehen müssen« (Apostelgeschichte 14,22). Natürliche Fröhlichkeit rechnet die Leiden unseres irdischen Daseins nicht mit ein. Angesichts der Bedrängnisse des Lebens lässt sie schnell nach. Sie kann den Verlust von Freunden oder Gesundheit nicht überleben. Doch die Freude, zu der wir ermahnt werden, ist nicht auf eine bestimmte Menge von Umständen oder Arten von Stimmungen begrenzt. Sie schwankt auch nicht mit unseren wechselnden Launen und Geschicken.

Die Natur mag sich bisweilen durchsetzen – sogar Jesus weinte am Grab von Lazarus. Dennoch können wir mit Paulus ausrufen: »[A]ls Betrübte, aber immer fröhlich« (2. Korinther 6,10). Ein Christ mag mit schwerer Verantwortung beladen sein, er mag in seinem Leben eine Serie von Rückschlägen haben, seine Pläne können vereitelt und seine Hoffnungen vernichtet werden, oder das Grab mag sich über seinen Geliebten schließen, die seinem irdischen Leben Freude und Lieblichkeit gegeben haben – und doch befiehlt ihm sein Herr bei all seinen Enttäuschungen und Leiden: »Freue dich!« Beachten wir die Apostel im Gefängnis von Philippi: Sie waren im innersten Verließ, ihre Füße in Blöcke gespannt, und ihr Rücken blutete und schmerzte von der schlimmen Auspeitschung, die sie erlitten hatten. Doch womit waren sie beschäftigt? Mit Murren und Knurren? Beschwerten sie sich, womit sie solch eine Behandlung verdient hätten? Nein! »Um Mitternacht aber beteten Paulus und Silas und lobten Gott mit Gesang« (Apostelgeschichte 16,25). Sie hatten mit der Sünde gebrochen (Kolosser 3,5-6); sie wandelten im Gehorsam, und so konnte der Heilige Geist ihnen Christus nahebringen, sodass ihre Herzen zum Überfließen erfüllt wurden mit Freude. Wenn wir unsere Freude aufrechterhalten wollen, dann müssen wir uns davor hüten, den Heiligen Geist zu betrüben.

Wenn Christus im Herzen herrscht, dann wird es von Freude erfüllt. Wenn Er Herr über jedes Verlangen ist und die Quelle jeden Motivs, der Bezwinger jeder Begierde, dann wird das Herz von Freude erfüllt werden und Lobpreis von den Lippen aufsteigen. Die Freude zu besitzen bedeutet, zu jeder Stunde des Tages das Kreuz auf sich zu nehmen. Gott hat es so geordnet, dass wir das eine nicht ohne das andere haben können. Selbsthingabe, das »Abhacken einer rechten Hand«, das »Ausreißen eines rechten Auges« – dies sind die Wege, durch die der Geist in die Seele gelangt. Und Er bringt die Freude von Gottes anerkennendem Lächeln und die Gewissheit Seiner Liebe und bleibenden Gegenwart mit sich. Viel hängt auch davon ab, in welcher Stimmung wir heute in die Welt eintreten. Wenn wir erwarten, dass die Leute uns hätscheln und verwöhnen, dann wird Enttäuschung uns verärgern. Wenn wir danach verlangen, dass unserem Stolz gedient wird, dann sind wir deprimiert, wenn es nicht geschieht. Das Geheimnis der Zufriedenheit liegt darin, sich selbst zu vergessen und danach zu suchen, der Zufriedenheit anderer zu dienen. »Geben ist glückseliger als Nehmen!« (Apostelgeschichte 20,35). Also ist es eine fröhlichere Angelegenheit, anderen zu dienen, als dass einem selbst gedient wird.

WIR PROFITIEREN VOM WORT, WENN WIR GEWISSENHAFT DIE HINDERNISSE DER FREUDE ZU VERMEIDEN SUCHEN

Warum haben so viele Christen so wenig Freude? Sind sie nicht alle als Kinder des Lichts und des Tages geboren? Der Begriff

»Licht«, der in der Schrift so oft verwendet wird, um uns das Wesen Gottes, unsere Beziehung zu Ihm und unsere zukünftige Bestimmung zu beschreiben, deutet in höchstem Maße auf Freude und Erleichterung hin. Was gibt es in der Natur anderes, was so segenbringend und schön ist wie das Licht? »Und das ist die Botschaft ..., dass Gott Licht ist und in Ihm gar keine Finsternis ist« (1. Johannes 1,5). Nur wenn wir mit Gott wandeln, im Licht, kann das Herz wirklich freudig sein. Was unsere Seelen abkühlt und verdüstert, ist: das vorsätzliche Zulassen bestimmter Dinge, die unsere Gemeinschaft mit Ihm beeinträchtigen. Es ist die Nachgiebigkeit gegenüber dem Fleisch, das Sich-Verbrüdern mit der Welt, das Betreten verbotener Pfade, was unser geistliches Leben verdirbt und uns freudlos macht.

David musste schreien: »Gib mir die Freude Deines Heils wieder!« (Psalm 51,12; KJV). Er war nachlässig und ausschweifend geworden. Die Versuchung bot sich ihm, und er hatte keine Kraft zu widerstehen. Er gab ihr nach, und die eine Sünde führte zur nächsten. Er war ein Abtrünniger geworden und hatte den Kontakt zu Gott verloren. Nicht-bekannte Sünde lag schwer auf seinem Gewissen. Oh, meine Brüder und Schwestern, wenn wir vor solch einem Sturz bewahrt bleiben wollen, unsere Freude nicht verlieren wollen, dann müssen wir unser Ich verleugnen und die Neigungen und Begierden des Fleisches kreuzigen. Wir müssen immer auf der Hut vor Verführung sein. Wir müssen viel Zeit auf unseren Knien verbringen. Wir müssen häufig von der Quelle des lebendigen Wassers trinken. Wir müssen durch und durch für den Herrn da sein.

WIR PROFITIEREN VOM WORT, WENN WIR EIFRIG DAS GLEICHGEWICHT ZWISCHEN TRAUER UND FREUDE WAHREN

Wenn der christliche Glaube das ausgeprägte Merkmal hat, Freude hervorzubringen, so hat er auch eine fast gleichstarke Eigenschaft und Neigung, Trauer hervorzubringen – eine Trauer, die ernst, mannhaft und edel ist. »[A]ls Betrübte, aber immer fröhlich« (2. Korinther 6,10), das ist die Norm im Leben eines Christen. Wenn Glaube sein Licht auf unseren Zustand, unsere Natur und unsere Sünden wirft, muss Traurigkeit eine Auswirkung davon sein. Es gibt nichts Verächtlicheres in sich selbst, kein sichereres Kennzeichen eines oberflächlichen Charakters und geistloser Beschäftigung, als eine ungetrübte Fröhlichkeit, die nicht auf einem Fundament von frommer, geduldiger Trauer ruht – Trauer, weil ich weiß, was ich bin und was ich sein sollte; Trauer, weil ich die Welt draußen anschaue und hinter der Heiterkeit und dem Gelächter das Feuer der Hölle brennen sehe und darum weiß, was es ist, worauf die Menschen zueilen.

Der, welcher »gesalbt [ist] mit Freudenöl, mehr als [S]eine Gefährten« (Psalm 45,8), war auch »ein Mann der Schmerzen und mit Leiden vertraut« (Jesaja 53,4). Und alle beide dieser Wesensarten kommen (in gewissem Maße) durch das Wirken Seines Evangeliums an jedem Herzen, das es wirklich aufnimmt, wieder zum Tragen. Und wenn wir einerseits durch die Hoffnungen, die es in uns einhaucht, Ängste von uns wegnimmt, und uns durch die Gemeinschaft, in die es uns einführt, mit dem Öl der Freude salbt, so werden wir andererseits durch die Wahrnehmung unserer eigenen Schändlichkeit, die es uns lehrt, und durch den Kampf zwischen Fleisch und Geist von einer Trauer durchdrungen, die in den Worten zum Ausdruck kommt: »Ich elender Mensch!« (Römer 7,24). Freude und Leid stehen nicht im Gegensatz zueinander, sondern sie ergänzen sich. Das Lamm muss »mit bitteren Kräutern« gegessen werden (2. Mose 12,8).

10

DIE SCHRIFT UND DIE LIEBE

In den vorangegangenen Kapiteln haben wir uns darum bemüht, einige Wege aufzuzeigen, durch die wir ermitteln können, ob unser Lesen und Durchforschen der Schrift unserer Seele wirklich Segen bringt oder nicht. Viele werden in dieser Angelegenheit getäuscht, indem sie das Bestreben, Wissen zu erlangen, mit einer geistlichen Liebe zur Wahrheit verwechseln (2. Thessalonicher 2,10) und annehmen, dass das Anwachsen ihres Wissensstandes dasselbe sei wie Wachstum in der Gnade. Vieles hängt von der Absicht oder dem Ziel ab, welches wir verfolgen, wenn wir uns Gottes Wort zuwenden. Wenn es lediglich dazu dienen soll, um uns selbst mit seinen Inhalten vertraut zu machen und um uns besser darin auszukennen, ist es wahrscheinlich, dass der Garten unserer Seele fruchtlos bleiben wird. Doch wenn es mit dem andächtigen Verlangen geschieht, durch das Wort zurechtgewiesen und korrigiert zu werden, vom Geist durchforscht zu werden und unsere Herzen an Seinen heiligen Forderungen ausrichten zu lassen, dann können wir einen göttlichen Segen erwarten.

Wir haben versucht, die grundlegenden Dinge herauszugreifen, anhand derer wir erkennen können, welchen Fortschritt wir in unserer persönlichen Gottesfurcht machen.

Mehrere Kriterien wurden hierfür gegeben. Und sowohl dem Autor als auch dem Leser steht es an, sich selbst an diesen zu messen. Wir haben zur Selbstbeurteilung anhand der folgenden Fragen gedrängt: Erlange ich einen größeren Hass gegen die Sünde und eine praktische Befreiung von ihrer Kraft und Verunreinigung? Erlange ich eine tiefere Vertrautheit mit Gott und Seinem Sohn Jesus Christus? Ist mein Gebetsleben gesünder geworden? Haben sich meine guten Werke vermehrt? Ist mein Gehorsam vollständiger und fröhlicher? Bin ich in meinen Neigungen und auf meinen Wegen mehr von der Welt abgesondert? Lerne ich, wie ich die Verheißungen Gottes richtig und gewinnbringend verwenden kann, und freue ich mich so an Ihm, dass Er meine tägliche Stärke ist? Solange ich nicht aufrichtig sagen kann, dass ich diese Dinge (in bestimmtem Maße) erfahre, muss ernsthaft befürchtet werden, dass mir mein Studium der Schrift wenig oder gar keinen Gewinn bringt.

Diese Kapitel sollten wohl kaum passend abgeschlossen werden können, ohne dass wir ein besonderes Kapitel der Betrachtung der christlichen Liebe gewidmet haben. Das Ausmaß, in dem diese geistliche Gnade gepflegt und geregelt wird oder nicht, liefert einen weiteren Hinweis dafür, in welchem Maße mir das Lesen des Wortes Gottes geistlich hilft. Keiner kann die Schrift lesen – egal mit welchem Maß an Aufmerksamkeit –, ohne zu entdecken, wie viel sie über Liebe zu sagen hat. Und deshalb ziemt es sich für jeden von uns, unter Gebet und Sorgfalt zu ermitteln, ob unsere Liebe wirklich geistlich ist oder nicht, und ob sie sich in einem gesunden Zustand befindet und auf richtige Weise ausgeübt wird.

Das Thema der christlichen Liebe ist viel zu umfangreich, als dass man alle seine verschiedenen Stadien in einem einzigen Kapitel beschreiben könnte. Ordnungsgemäß sollten wir damit beginnen, die Ausübung unserer Liebe gegenüber

Gott und Seinem Sohn Jesus Christus zu betrachten. Doch da wir dies in den letzten Kapiteln zumindest angerissen haben, werden wir hier darauf verzichten. Wir könnten auch vieles über die natürliche Liebe sagen, die wir unseren Mitmenschen schulden, die zur selben Familie wie wir gehören; doch die Notwendigkeit, über dieses Thema zu schreiben, ist geringfügiger als das, was wir jetzt im Sinn haben. Wir beabsichtigen hier unsere Aufmerksamkeit auf die geistliche Liebe zu den Geschwistern zu beschränken, den Geschwistern in Christus.

WIR PROFITIEREN VOM WORT, WENN WIR DIE GROSSE WICHTIGKEIT CHRISTLICHER LIEBE ERKENNEN

Nirgendwo sonst wird dies auf eindringlichere Weise klargemacht als im dreizehnten Kapitel des ersten Korintherbriefes. Dort sagt uns der Heilige Geist, dass ein bekennender Christ, wenngleich er fließend und wortgewandt über göttliche Dinge reden kann, aber dabei keine Liebe hat, nur wie ein Stück Eisenerz ist, das, wenn es zwar beim Draufschlagen ein Geräusch erzeugt, doch tot ist. Auch wenn er prophezeien kann, alle Geheimnisse versteht, Erkenntnis hat und Glauben besitzt, der Wunder wirkt, es ihm aber an Liebe fehlt, ist er geistlich ein Nichts. Ja, auch wenn er so wohltätig ist, dass er all seinen weltlichen Besitz drangibt, um die Armen zu ernähren, und wenn er seinen Leib in den Märtyrertod hingeben würde, es ihm aber an Liebe fehlt – dann bringt es ihm nichts ein. Was für ein großer Wert wird der Liebe hier zugeschrieben, und wie wichtig ist es für mich, sicherzustellen, dass ich sie besitze!

Unser Herr sagte: »Daran wird jedermann erkennen, dass ihr Meine Jünger seid, wenn ihr Liebe untereinander habt« (Johannes 13,35). Daran, dass Christus die Liebe zum Kennzeichen christlicher Jüngerschaft gemacht hat, sehen wir nochmals die große Wichtigkeit der Liebe. Sie ist ein wesentlicher Test bezüglich der Echtheit unseres Bekenntnisses. Wir können Christus nicht lieben, außer wenn wir unsere Geschwister lieben, denn sie sind alle in dasselbe »Bündel der Lebendigen« (1. Samuel 25,29) mit Ihm eingebunden. Liebe zu denen, die Er erlöst hat, ist ein sicherer Beweis für eine geistliche und übernatürliche Liebe zu dem Herrn Jesus Selbst. Wo der Heilige Geist eine übernatürliche Geburt bewirkt hat, wird Er diese Natur zur Ausbildung heranziehen. Er wird im Herzen und Leben der Heiligen übernatürliche Gnaden hervorbringen, von denen eine darin besteht, dass man alle, die zu Christus gehören, um Christi Willen liebt.

WIR PROFITIEREN VOM WORT, WENN WIR ES LERNEN, DIE SCHLIMMEN PERVERTIERUNGEN CHRISTLICHER LIEBE AUFZUDECKEN

So wie Wasser nicht über seinen eigenen Pegel steigen kann, ist der natürliche Mensch nicht fähig, das zu verstehen, was geistlich ist (1. Korinther 2,14), und noch viel weniger, es wertzuschätzen. Deshalb sollten wir nicht überrascht sein, wenn nicht-wiedergeborene Lehrstuhlinhaber menschliche Sentimentalität und fleischliche Nettigkeiten mit geistlicher Liebe verwechseln. Doch es ist traurig, zu sehen, dass einige von Gottes eigenem Volk auf solch einer niedrigen Ebene leben, dass sie menschliche Liebenswürdigkeit und Freundlichkeit mit der Königin der christlichen Gnadengaben verwechseln. Obwohl es wahr ist, dass geistliche Liebe durch Sanftmut und Güte gekennzeichnet ist, unterscheidet sie sich doch völlig von den Gefälligkeiten und Freundlichkeiten des Fleisches und ist diesen weitaus überlegen.

Wie viele vernarrte Väter haben ihren Kindern die Rute vorenthalten – mit der falschen Vorstellung, dass wirkliche

Liebe zu ihnen und körperliche Züchtigung nicht miteinander vereinbar seien! Wie viele törichte Mütter, die jede körperliche Bestrafung verachtet haben, haben damit geprahlt, dass in ihrem Heim die »Liebe« regiere! Es ist eine böse Verdrehung des Wortes »Liebe«, es auf moralische Lässigkeit und elterliche Laxheit anzuwenden. Eine der anstrengendsten Erfahrungen des Autors auf seinen ausgedehnten Reisen war es, Zeiten in einem Haus zu verbringen, wo man die Kinder völlig verwöhnt hatte. Doch dieselbe böse Idee regiert die Denkweise vieler Menschen in anderer Hinsicht und Beziehung. Wenn ein Diener Gottes ihre fleischlichen und weltlichen Wege tadelt, wenn er die kompromisslosen Forderungen Gottes eindringlich kundtut, wird ihm sofort vorgeworfen, dass es ihm »an Liebe mangele«. Oh, wie schlimm werden doch so viele in diesem Punkt von Satan betrogen!

WIR PROFITIEREN VOM WORT, WENN UNS DAS WAHRE WESEN CHRISTLICHER LIEBE GELEHRT WIRD

Christliche Liebe ist eine geistliche Gnadengabe, die gemeinsam mit Glaube und Hoffnung in den Seelen der Heiligen wohnt (1. Korinther 13,13). Sie ist eine heilige Gesinnung, die in ihnen gewirkt wird, wenn sie wiedergeboren werden (1. Johannes 5,1). Sie ist nichts Geringeres als die Liebe Gottes, die »durch den Heiligen Geist« in ihre Herzen ausgegossen ist (Römer 5,5). Sie ist ein rechtschaffener Grundsatz, das Beste für andere zu suchen. Sie ist genau das Gegenteil des Prinzips der Selbstliebe und Selbstsucht, welches von Natur aus in uns ist. Sie ist nicht nur ein liebevoller Respekt gegenüber allen, die zu Christus gehören, sondern auch ein machtvolles Verlangen, ihr Wohl zu fördern. Sie ist kein wechselhaftes Gefühl, das leicht vergrämt wird, sondern eine bleibende Dynamik, die durch »große Wasser« kalter Gleichgültigkeit und »Ströme« der Ablehnung nicht ausgelöscht oder erstickt werden kann (Hohelied 8,7). Obwohl ihr Ausmaß weitaus geringer ist, ist sie in ihrem Wesen dasselbe wie Seine Liebe. Von Ihm lesen wir: »Wie Er die Seinen geliebt hatte, die in der Welt waren, so liebte Er sie bis ans Ende« (Johannes 13,1).

Es gibt keinen sichereren und zuverlässigeren Weg, eine richtige Vorstellung vom Wesen christlicher Liebe zu bekommen, als sie am vollkommenen Beispiel unseres Herrn Jesus Christus sorgfältig zu studieren. Wenn wir sagen, »sorgfältig studieren«, meinen wir eine umfassende Begutachtung von *allem,* was über Ihn in den vier Evangelien aufgezeichnet ist, und nicht das Beschränken unsererseits auf wenige Lieblingspassagen und Ereignisse. Wenn wir dies tun, entdecken wir, dass Seine Liebe nicht nur gütig und großherzig, fürsorglich und sanft, uneigennützig und selbstaufopfernd, geduldig und unveränderlich ist, sondern dass auch viele andere Elemente hinzukommen. Liebe kann eine dringende Bitte ablehnen (Johannes 11,6), Seine Mutter tadeln (Johannes 2,4), eine Peitsche verwenden (Johannes 2,15), Seine zweifelnden Jünger streng zurechtweisen (Lukas 24,25) und Heuchler bloßstellen (Matthäus 23,13-33). Liebe kann streng sein (Matthäus 16,23), ja – sogar zornig (Markus 3,5). Geistliche Liebe ist eine *heilige* Angelegenheit. Sie ist treu gegenüber Gott. Sie ist kompromisslos gegenüber allem, was böse ist.

WIR PROFITIEREN VOM WORT, WENN WIR ENTDECKEN, DASS CHRISTLICHE LIEBE EINE GÖTTLICHE GABE IST

»Wir wissen, dass wir aus dem Tod zum Leben gelangt sind, denn wir lieben die Brüder« (1. Johannes 3,14). »Liebe zu den Geschwistern ist die Frucht und Auswirkung einer neuen und übernatürlichen Geburt, die durch den Heiligen Geist in unseren Seelen bewirkt wird. Sie ist der geheiligte Beweis dafür, dass wir durch den göttlichen Vater in Christus erwählt worden sind, bevor die Welt war. Christus und das Seine und unsere Geschwister in Ihm zu lieben, ist ein Wesensmerkmal der göttlichen Natur, zu deren Teilhabern wir von Ihm durch den Heiligen Geist gemacht worden sind ... Diese Liebe der Geschwister muss eine besondere Liebe sein, eine solche, die nur den Wiedergeborenen gilt und welche nur sie ausüben können – ansonsten hätte der Apostel sie nicht so ausdrücklich erwähnt. Sie ist von solcher Art, dass diejenigen, welche sie haben, sich nicht in einem unerneuerten Zustand befinden; denn es lautet: ›Wer den Bruder nicht liebt, bleibt im Tod‹ (1. Johannes 3,14)« (S. E. Pierce).

Liebe zu den Geschwistern ist weitaus mehr, als die Gemeinschaft von Menschen als angenehm zu empfinden, deren Temperament meinem eigenen ähnlich ist oder deren Ansichten mit den meinigen übereinstimmen. Sie betrifft nicht die bloße Natur, sondern ist eine geistliche und übernatürliche Angelegenheit. Sie bedeutet, dass das Herz zu denen hingezogen wird, bei denen ich *etwas von Christus wahrnehme*. Folglich ist sie weit mehr als eine Gruppengesinnung; sie umfasst alle, in denen ich das Bild des Sohnes Gottes sehen kann. Sie bedeutet also, dass ich sie um Christi willen liebe, dafür, was ich in ihnen von Christus erkenne. Es ist der Heilige Geist in ihnen, der mich anzieht und lockt mit dem in meinen Brüdern und Schwestern wohnenden Christus. Also ist wirkliche christliche Liebe nicht nur eine göttliche Gabe, sondern sie ist insgesamt in ihrer Kräftigung und Ausübung von Gott abhängig. Wir müssen täglich darum beten, dass der Heilige Geist die in unsere Herzen ausgegossene Liebe weckt, die sich gegenüber Gott und Seinem Volk auswirkt und manifestiert.

WIR PROFITIEREN VOM WORT, WENN WIR CHRISTLICHE LIEBE RICHTIG AUSÜBEN

Dies geschieht nicht, indem wir danach trachten, unseren Geschwistern zu gefallen und uns in ihre Wertschätzung einzuschmeicheln, sondern wenn wir aufrichtig ihr Bestes suchen. »Daran erkennen wir, dass wir die Kinder Gottes lieben, wenn wir Gott lieben und Seine Gebote halten« (1. Johannes 5,2). Was ist der wirkliche Test für meine persönliche Liebe zu Gott Selbst? Dass ich Seine Gebote halte (vgl. Johannes 14,15.21.24; 15,10.14). Die Echtheit und Stärke meiner Liebe zu Gott werden nicht an meinen Worten gemessen oder meiner Lust, mit der ich Ihm Loblieder singe, sondern an meinem Gehorsam gegenüber Seinem Wort. Dasselbe Prinzip gilt für meine Beziehungen zu meinen Geschwistern.

»Daran erkennen wir, dass wir die Kinder Gottes lieben, wenn wir Gott lieben und Seine Gebote halten.« Wenn ich die Schuld meiner Brüder und Schwestern vertusche, wenn ich mit ihnen auf einem Weg des Eigenwillens und der Selbstgefälligkeit wandle, dann »liebe« ich sie *nicht.* »Du sollst deinen Bruder nicht hassen in deinem Herzen; sondern du sollst deinen Nächsten ernstlich zurechtweisen, dass du nicht seinetwegen Schuld tragen musst!« (3. Mose 19,17). Liebe muss auf eine göttliche Weise ausgeübt werden und niemals auf Kosten meiner Liebe zu Gott. Tatsächlich kann ich nur dann geistliche Liebe gegenüber meinen Geschwistern ausüben, wenn Gott Seinen Ihm gebührenden Platz in meinem Herzen hat. Wahre geistliche Liebe besteht nicht darin, die anderen zufriedenzustellen, sondern darin, Gott zu erfreuen und ihnen zu helfen. Und ich kann ihnen nur auf dem Pfad von Gottes Geboten helfen.

Sich gegenseitig zu verhätscheln und zu verwöhnen, ist keine brüderliche Liebe. Einander zu ermahnen in dem

Wettlauf, der vor uns liegt, nach vorn zu drängen und Worte (verstärkt durch das Beispiel unseres täglichen Wandels) zu sprechen, die dazu ermutigen, »hin[zu]schauen auf Jesus« (Hebr. 12,2), das ist viel hilfreicher. Brüderliche Liebe ist eine heilige Angelegenheit und kein fleischliches Gefühl oder eine lockere Gleichgültigkeit bezüglich des Weges, auf dem wir gehen. Gottes Gebote sind sowohl ein Ausdruck Seiner Liebe als auch Seiner Autorität. Sie zu ignorieren – selbst während wir danach suchen, einander auf gütige Weise zugeneigt zu sein –, ist überhaupt keine Liebe. Das Ausüben der Liebe muss in strenger Übereinstimmung mit dem offenbarten Willen Gottes geschehen. Wir müssen »in Wahrheit« lieben (3. Johannes 1).

WIR PROFITIEREN VOM WORT, WENN UNS DIE VERSCHIEDENEN ERSCHEINUNGSFORMEN CHRISTLICHER LIEBE GELEHRT WERDEN

Es ist unsere Pflicht, unsere Geschwister zu lieben und die Liebe auf allerlei Weise sichtbar werden zu lassen. Doch an keinem anderen Punkt können wir dies aufrichtiger und wirkungsvoller und mit weniger Heuchelei und Zurschaustellung tun, als wenn wir mit ihnen Gemeinschaft vor dem Thron der Gnade haben. Es gibt an allen Enden der Erde Geschwister in Christus, von deren Prüfungen und Konflikten, Versuchungen und Sorgen ich keine Einzelheiten kenne. Dennoch kann ich meiner Liebe zu ihnen Ausdruck verleihen, indem ich mein Herz ihretwegen durch ernsthaftes Flehen und Fürbitte vor Gott ausschütte. Auf keine andere Weise kann ein Christ seine liebevolle Zuneigung gegenüber seinen Mitpilgern sichtbarer werden lassen, als wenn er all seine Teilhabe am Herrn Jesus zu ihren Gunsten verwendet und Seine Barmherzigkeiten für sie erfleht.

»Wer aber die Güter dieser Welt hat und seinen Bruder Not leiden sieht und sein Herz vor ihm verschließt – wie bleibt die Liebe Gottes in ihm? Meine Kinder, lasst uns nicht mit Worten lieben noch mit der Zunge, sondern in Tat und Wahrheit!« (1. Johannes 3,17-18). Viele von Gottes Volk sind sehr arm an den Gütern dieser Welt. Manchmal fragen sie sich, warum das so ist. Für sie ist es eine große Prüfung. Ein Grund, weshalb der Herr dies zulässt, ist, damit das Mitgefühl von anderen Heiligen geweckt wird und sie aus der Fülle, die Gott ihnen gegeben hat, für deren zeitliche Bedürfnisse sorgen können. Echte Liebe ist äußerst praktisch. Sie erachtet kein Amt als zu klein, keine Aufgabe als zu demütigend, wo man den Leiden eines Bruders abhelfen kann. Als der Herr der Liebe hier auf der Erde war, hatte Er an den leiblichen Hunger der Menschenmassen und die Behaglichkeit für die Füße Seiner Jünger gedacht!

Doch es gibt einige im Volk des Herrn, die so arm sind, dass sie wirklich so wenig haben, das sie mit anderen teilen können. Was können diese dann tun? Nun, sie können die geistlichen Belange aller Heiligen zu den ihren machen. Sie können sich selbst ihretwegen am Thron der Gnade einsetzen! Wir wissen durch unsere eigenen Situationen und Umstände, was die Gefühle, Sorgen und Beschwerden der anderen Heiligen sein müssen. Wir wissen aus schmerzlicher Erfahrung, wie leicht es ist, einem Geist der Unzufriedenheit und des Murrens nachzugeben. Doch wir wissen auch, wie wir zu Ihm geschrien haben, dass Er Seine beruhigende Hand auf uns legen möge; und als Er uns irgendeine kostbare Verheißung in Erinnerung gebracht hat, welch ein Friede und Trost kam dann in unser Herz. Dann lassen Sie uns Ihn doch bitten, allen Seinen notleidenden Heiligen gegenüber ebenso gnädig zu sein. Lassen Sie uns danach trachten, ihre Lasten zu den unseren zu machen, und zu weinen mit den Weinenden, und uns auch zu freuen mit denen, die sich freuen. Dadurch werden wir unserer echten Liebe zu den Menschen, die in Christus sind, Ausdruck verleihen, indem wir ihren und unseren Herrn anflehen, ihrer mit ewiger Liebe zu gedenken.

Auf diese Weise erweist der Herr Jesus heute *Seine* Liebe zu Seinen Heiligen: »[W]eil Er für immer lebt, um für sie einzutreten« (Hebräer 7,25). Er macht ihre Anliegen und Sorgen zu Seinen eigenen. Er bittet den Vater um ihretwillen. Keiner wird von Ihm vergessen. Jedes einsame Schaf trägt der Gute Hirte auf Seinem Herzen. Folglich werden wir, indem wir unsere Liebe zu den Geschwistern durch tägliches Gebet um die Stillung ihrer unterschiedlichen Bedürfnisse ausdrücken, in Gemeinschaft mit unserem großen Hohenpriester gebracht. Nicht nur das, sondern wir gewinnen die Heiligen dadurch lieb. Unser Gebet für sie als die Geliebten Gottes wird unsere Liebe und Wertschätzung ihnen gegenüber vermehren. Wir können sie nicht auf unserem Herzen vor den Thron der Gnade tragen, ohne dass wir in unserem eigenen Herzen eine wirkliche Liebe hegen. Der beste Weg, einen Geist von Bitterkeit gegenüber einem Bruder zu überwinden, der uns verletzt hat, ist: viel für ihn zu beten.

WIR PROFITIEREN VOM WORT, WENN UNS DIE RICHTIGE PFLEGE CHRISTLICHER LIEBE GELEHRT WIRD

Dafür schlagen wir drei Regeln vor:

1. Wir erkennen von vornherein an, dass es genauso, wie es in dir und in mir viel gibt, was die Liebe der Geschwister ernsthaft prüfen wird, es auch nicht wenig in ihnen geben wird, was unsere Liebe prüft. »... indem ihr ... einander in Liebe ertragt!« (Epheser 4,2) ist eine wichtige Ermahnung bezüglich dieses Themas, und jeder von uns muss sie sich zu Herzen nehmen. Es ist gewiss erstaunlich, wenn man

bemerkt, dass die allererste Eigenschaft geistlicher Liebe, die in 1. Korinther 13 genannt wird, lautet: »Die Liebe ist langmütig« (Vers 4).

2. Die beste Weise, auf die man irgendeine Tugend oder Gnade pflegen kann, ist sie *auszuüben.* Darüber zu sprechen und Theorien anzustellen nützt nichts, außer wenn es in die Tat umgesetzt wird. Heute hört man viele Beschwerden darüber, dass die Liebe an vielen Orten nur wenig zutage tritt. Dies ist umso mehr ein Grund dafür, danach zu trachten, ein besseres Beispiel abzugeben! Lassen Sie nicht zu, dass die Kälte und Lieblosigkeit anderer Ihre Liebe schwächt, sondern »überwinde das Böse durch das Gute!« (Römer 12,21). Denken Sie mindestens einmal in der Woche unter Gebet über 1. Korinther 13 nach!

3. Sorgen Sie dafür, dass ihr eigenes Herz sich im Licht und in der Wärme von Gottes Liebe badet. Gleiches bringt Gleiches hervor. Je mehr Sie sich mit der unermüdlichen, unerschöpflichen und unermesslichen Liebe Christi zu Ihnen beschäftigen, desto mehr wird ihr Herz dazu hingezogen, die zu lieben, die Ihm gehören. Eine wunderschöne Veranschaulichung dessen findet man in der Tatsache, dass der Apostel, der das meiste über brüderliche Liebe geschrieben hat, derjenige war, der sich an die Brust des Meisters lehnte.

Der Herr möge sowohl dem Leser als auch dem Autor (niemand muss dies mehr beherzigen als er) alle notwendige Gnade gewähren, diese Regeln zu befolgen, zum Preis der Herrlichkeit Seiner Gnade und zum Wohle Seines geliebten Volkes.

WIE MAN DIE BIBEL STUDIERT

Hilfreiche Ratschläge für jeden Bibelleser

John MacArthur

»Wie man die Bibel studiert« ist ein motivierender Ratgeber, der beides beantwortet – das »Warum« und das »Wie« des Bibelstudiums. In diesem Werk untersucht John MacArthur verschiedene Bibelstellen im Alten und Neuen Testament. Aufgrund seiner jahrelangen Erfahrung führt er den Leser in praktischen Schritten zu größerem Gewinn im Erforschen der biblischen Wahrheiten.

Jeder Teil wird mit Fragen für einen Rückblick und Gedanken für eine persönliche Reflexion vervollständigt. Dieses gründliche, aufschlussreiche und prägnante Werk dient als hervorragendes Hilfsmittel für das persönliche oder das gemeinsame Bibelstudium.

Hardcover | 144 Seiten | Bestell-Nr.: 875.461

WAS JEDER CHRIST WISSEN MUSS ...

Versuchung und Sieg über Sünde

John Owen

Wir leben in einer Zeit, in der man es nicht mehr wagt, über Sünde zu reden, da man das Selbstwertgefühl der Menschen nicht verletzen möchte. Manche Christen suchen nach Befreiung; andere dagegen sehen es nicht ein, dass ihre eigene Sünde der Grund ihrer persönlichen Not sein könnte.

John Owen zeigt in seinem Buch sehr klar und vor allem biblisch fundiert die Ursachen unseres Versagens in Versuchungen, aber auch wie ein Christ über die Sünde siegen kann. Er macht deutlich, dass der Christ allein durch Gottes Gnade von der Macht der Sünde befreit wird. Diese Befreiung ist die Grundlage dafür, dass der Gläubige ein siegreiches Leben zur Ehre Gottes führen kann.

Hardcover | 176 Seiten | Bestell-Nr.: 875.464

HERR, WIR WOLLEN BETEN LERNEN

Ermutigung aus dem Gebet des Herrn

Peter Masters

»Herr, lehre uns beten!«, so lautete die Bitte der Jünger. Wer diesen Wunsch im Herzen trägt, den laden wir dazu ein, in diesem Buch das Gebet des Herrn, das »Vaterunser« zu studieren. Praktische Hilfestellungen in diesem Buch können Sie ermutigen und Ihnen zu großem Segen in Ihrem persönlichen Gebetsleben werden.

Hardcover | 131 Seiten | Bestell-Nr.: 875.424

Bestellen unter: www.voh-shop.de | 02265-9974922